7000

F

PARANORMAL

Kenyataan dan Gejala dalam Kehidupan

DAHARA PRIZE

TERPILIH & BERHARGA

Disadur dari
WAARHEID EN LUNGEN BIJ
PARANORMALE VERSCHIJN SELEN

Willem Hogendoorn

Cetakan Keempat 1993
Penerbit : ***Dahara Prize*** *Semarang*
Dicetak oleh : ***Effhar Offset*** *Semarang*

Kata Pengantar

Buku ini mengajar dua sasaran.

Pada satu pihak, buku ini akan berusaha memberi sebuah risalah tentang gejala-gejala paranormal yang mungkin bisa dianggap sebagai bukti adanya hidup sesudah mati. Berjuta-juta orang berdasarkan agama dan filsafat hidupnya, masing-masing mendambakan ini. Tetapi, di dalam alam pemikiran rasional abad ke-20, hal seperti itu dipandang sebagai suatu ilusi belaka. Suatu harapan khayal yang tetap dipertahankan, karena memang tidak ada penggantinya yang lebih baik. Singkatnya, pandangan yang memang tidak punya bukti-bukti konkrit ilmiah ini, tidak punya tempat berpijak di dalam dunia pemikiran masa kini. Tetapi apakah masalah hidup sesudah mati ini dapat disamakan dengan bukti-bukti reaksi kimia atau sidik jari ?

Sebaliknya, bertentangan dengan anggapan umum di atas, diketahui juga kisah dan pengalaman ratusan ribu manusia yang dengan penuh keyakinan menyatakan bahwa bukti akan adanya hidup sesudah mati, jelas sekali ada. Tidak hanya terbatas pada penganut ajaran-ajaran agama saja tetapi juga para pengikut aliran-aliran filsafat yang merasa yakin akan adanya hidup sesudah mati. Dalam hal ini, terdapat banyak titik temu di antara orang-orang yang berasal dari berbagai macam agama, peradaban maupun kebudayaan. Dan dari berbagai kurun jaman.

Agak berdiri terpisah dari golongan-golongan di atas, masih ada lagi sejumlah orang yang jumlahnya justru makin lama makin membesar. Mereka adalah orang-orang yang mencari bukti-bukti nyata, yang acapkali juga berlawanan dengan pandangan segala macam aliran-aliran kepercayaan, filsafat dan kebudayaan„dengan gigih membela adanya hidup sesudah mati. Dasar yang digunakan golongan ini ialah bukti-bukti eksperimental dan penelitian. Harus diakui bahwa dasar titik tolak mereka memang belum kukuh sepenuhnya. Tempat berpijaknya masih merupakan satu acara pembauran antara ilmu pengetahuan dan keyakinan atau kepercayaan. Jadi berbicara secara obyektif, mereka pun belum tentu benar.

Namun bagaimana juga, kita harus mengakui bahwa hasil-hasil penelitian yang telah berhasil dicapai mereka, sebagian besar dapat membebaskan kita dari belenggu khayalan yang berlebihan dan sering berbau tahayul semata-mata. Melalui hasil-hasil penelitian kita tidak lagi mudah percaya terhadap apa yang disebut gejala-gejala paranormal. Kita mulai bisa membedakan antara yang palsu dengan yang benar. Atau bisa jadi gejala yang disebut paranormal berasal dari halusinasi, massa hesteri dan hipnotisme. Bahwa sebagian dari gejala-gejala paranormal memang belum dapat diterangkan, memang tidak bisa diingkari. Tetapi langkah-langkah positif telah mulai ada untuk meneliti dan mencoba menembus kabut mesteri itu. Buku ini akan menjadi terlalu memihak, kalau kita mengabaikan gejala-gejala yang memang masih belum bisa dijelaskan asal-usulnya. Hal itu akan sama dengan mengingkari kenyataan. Hal ini pun diakui sepenuhnya oleh disiplin para psikologi, yang memang punya tugas kewajiban dan tugas moril untuk menangani permasalahan gejala paranormal.

Tetapi juga kita tidak akan mengingkari bahwa tujuan utama adalah usaha yang diarahkan kepada pencarian bukti secara rasional dan ilmiah, yang dapat diterima. Maka dengan landasan asas ini pula secara relatif kita akan menaruh perhatian yang besar terhadap mata acara yang secara umum disebut ''Suara-Suara Paranormal''. Pada kondisi laboratorisnya, suara-suara paranormal terbukti dapat direkam pada pita suara melalui pesawat tape recorder biasa. Dengan sendirinya, hal ini merupakan satu bukti bahwa gejala-gejala paranormal dapat juga didekati dengan cara rasional dan ilmiah.

Pada pihak lainnya, kami akan coba mengemukakan bahwa berbagai macam gejala paranormal pada hakekatnya tidak bertentangan satu dengan lainnya. Secara sepintas, interpretasinya memang bermacam-macam. Penganut aliran spiritisme akan berlainan pendapat dengan pengikut ajaran reinkarnasi. Aliran Kristen pendukung reformasi akan berbeda dengan aliran ajaran antroposofi dan seterusnya. Pertentangan dengan permukaan ini acapkali akan mendukung anggapan bahwa ''sebanyak roh, sebanyak juga surga''. Pertikaian pendapat ini akan coba kami atasi dengan mengungkapkan persamaan-persamaan yang ada di antara sekian banyak aliran kepercayaan dan filsafat. Kami akan mencoba langsung menuju ke pokok-pokok persoalannya, misalnya tentang badan **wadag, badan**

astral, spiritisme, reinkarnasi, suara-suara paranormal dan lainnya, serta mengemukakan hal adanya inter-relasi di antara mereka. Yang berlainan adalah interpretasi dan kesimpulannya, tetapi pada dasarnya pokok masalahnya ialah sama, yakni apakah ada hidup sesudah mati. Dengan pertikaian kita takkan mampu maju selangkah pun. Bahkan hal ini akan membuat orang-orang yang bersikap skeptis justru dengan mencemoh mengangkat pundak. Harus diakui bahwa sampai dewasa ini, macam-macam agama dan aliran masih tetap mempertahankan interpretasi dan kesimpulan masing-masing, karena sampai saat ini memang belum ada suatu pedoman yang dapat berlaku untuk semua. Ke arah itu, seharusnya kita mencari.

Pada pembahasan semua mata acara yang akan kami lakukan di dalam buku ini, kami akan berusaha sebisa-bisanya memberikan satu gambaran yang bersifat komplementer satu dengan lainnya dan bukan bermacam-macam gambaran yang tersekat-sekat. Dapat kami kemukakan misalnya, bahwa pendapat hal adanya **badan astral** dan **aura** di satu fihak dengan pandangan **aliran spiritisme** tentang roh atau dengan ajaran mengenai reinkarnasi, terdapat suatu hubungan inter-relasi yang akrab.Kalau aksentuasinya ditata dengan baik, kami yakin tidak akan ada pertentangan tetapi justru akan muncul titik temu yang saling mengisi, yang secara bersama-sama akan menjadi komponen pembentuk suatu teori yang utuh, yang akhirnya dapat mendekatkan kita pada pembuktian bahwa hidup sesudah mati, kemungkinan besar memang ada. Atau paling tidak bisa terjangkau kemungkinannya, dengan adanya satu pedoman teori yang dapat diterima bagi semua orang.

Satu-satunya disiplin ilmiah yang ingin menembus pantangan tolok ukur keilmuan dalam menangani masalah gejala-gejala paranormal adalah parapsikologi. Usaha disiplin ini untuk mengilmiahkan gejala-gejala paranormal layak mendapat tanggapan yang serius. Kita harus dengan rendah hati mengakui, bahwa usaha disiplin parapsikologi dalam bidang ini tidak selalu menunjuk ke arah yang diharapkan. Tetapi, dengan adanya kerelaan dan kemampuan untuk mengadakan penelitian maupun eksperimen, peluang untuk mencapai sasaran yang didambakan sejak ribuan tahun lalu telah makin terbuka. Mungkin pada suatu saat, kelak akan tercapai satu jawaban yang pasti mengenai masalah ada tidaknya hidup sesudah mati.

Kami sepenuhnya menyadari, bahwa hal-hal yang kami bahas tidak bisa tuntas. Hal ini memang tidak dapat diharapkan dari satu himpunan karangan yang sifatnya bunga rampai. Lagi pula harus kami akui bahwa subyektivitas akan selalu menghantui setiap orang penulis, betapapun bulat tekadnya untuk menyajikan suatu yang obyektif sifatnya. Kalau cara selektif yang telah kami pilih ini akan sedikit dapat memberi gambaran yang agak menyeluruh kepada pembaca dan dapat berfungsi sebagai perantara perkenalan pertama dengan gejala-gejala paranormal bagi para pembaca, yang bisa jadi, akan menggugah semangat untuk mengkaji lebih jauh mengenai permasalahan apakah ada hidup sesudah mati, maka penulis anggap karangan kecil ini telah berhasil mencapai kedua buah sasarannya.

Daftar Isi

Bab 1
Paranormal

Sehabis berkunjung kepada beberapa kawan, diluar dugaan, telah berlangsung sampai agak larut, aku pulang seorang diri menyusuri jalan-jalan kota Amsterdam dengan sepeda. Malam itu aku merasa lelah dan tegang. Selama berminggu-minggu pikiranku terbelenggu oleh masalah kematian, karena dengan tiba-tiba saja ayahku telah direnggut dari sisiku oleh Sang Maut. Dua pertanyaan hampir tak pernah henti-hentinya mengiang di dalam benakku. "Bagaimana?" "Mengapa?" Aku benar diombang-ambingkan secara emosional. Rasioku tidak bisa percaya, mengapa orang bisa tiba-tiba saja mati, padahal orang tersebut masih segar-bugar dan begitu akrab dengan diriku sesaat sebelumnya. Berminggu setelah peristiwa kematian ayahku, hanya sedikit sekali aku menikmati tidur. Tadi dalam pertemuan dengan kawan-kawan pun, aku telah cukup banyak minum minuman keras, seakan-akan ingin membius diri dan melupakan keresahan.

Ketika aku masuk ke tikungan jalan, dimana berdiri gedung musium Tropik Amsterdam (Amsterdamse Tropenmuseum), mendadak saja aku merasa pening. Dan tidak sampai sedetik kemudian, aku merasakan diri sedang bergelantungan di atas salah satu menara yang menghias bangunan gedung musium. Dengan kejut-kejut heran, aku memandang ke bawah, ke arah lalu lintas yang terbentang di bawah! Betapa terkejutku ketika di antara kesibukan lalu lintas itu, aku melihat diriku sendiri masih sedang berkayuh sepeda, di antara sebuah trem dan beberapa buah mobil. Kulihat diriku sendiri mengerem sepeda untuk memberi kelonggaran kepada sebuah mobil yang akan menyelip. Setelah aku melihat diriku kembali menggenjot pedal melaju ke depan! Kembali saat itu aku mendadak saja merasa badanku diseret turun dengan kecepatan yang luar biasa besarnya dan aku sadar bahwa aku sudah kembali lagi di atas sadel.

Berhari-hari sesudah itu, aku menarik kesimpulan bahwa kemungkinan besar ketika aku berkayuh sepeda pada beberapa malam lalu, secara mendadak aku telah menderita suatu akibat pengaruh sampingan yang aneh dari rasa mabuk, sampai aku sempat berbicara mengenai pengalamanku kepada orang-orang yang juga pernah menghayati hal yang sama. Bahkan ibuku sendiri pernah mengalaminya. Beberapa tahun lalu, ketika ia sedang ingin mengembalikan perabot makan-minum ke dalam sebuah almari, tiba-tiba saja ia merasa melayang keluar dari badan wadagnya. Selama beberapa detik ia melayang-layang di udara, sembari melihat badan wadagnya berjalan terus menuju almari.

Kemudian aku tahu, bahwa hal yang sama dialami oleh berjuta-juta orang di seluruh dunia. Orang mengenal gejala paranormal ini dengan sebutan melayang keluar. Kalau hal ini dialami oleh jutaan orang, meskipun tetap harus disebut sebagai suatu gejala yang paranormal, tetapi bukan lagi merupakan suatu gejala yang aneh atau ganjil. Tetapi, demi memantapkan dirinya sendiri, kebanyakan orang akan menyebutnya sebagai halusinasi, kepusingan, atau mungkin juga mimi di siang hari. Ini demi menenangkan rasio atau batin sadar orang, karena penjelasan yang lebih mengena memang belum ada. Dan orang berharap akan dapat mengembalikan kenormalan situasi dan kondisi.

Banyak macam aliran agama dan juga ilmu parapsikologi, telah sering membahas hal adanya badan astral pada setiap orang. Di bawah situasi dan kondisi tertentu, badan astral ini dapat melayang keluar dari badan wadag. Gejala ini acapkali juga dikemukakan sebagai satu bukti yang menunjukkan ke arah kemungkinan adanya hidup sesudah mati. Di dalam uraian seperti ini, badan wadag hanya menjadi semacam pembungkus saja, seperti layaknya kertas pembungkus untuk barang, atau pengemas bagi badan astral. Mati dalam hal ini, hanya mirip orang membuang selembar kertas pengemas belaka, dan badan astral akan terbebaskan darinya.

Bagaimana cara kita harus membayangkan proses ini? Mungkin kita akan lebih mengerti, kalau mau mendengar kisah pengalaman orang-orang berbakat paragnostik yang kebetulan pernah berada mendampingi orang yang mendekati ajal.

. Andrew Jackson Davis, adalah salah seorang di antaranya yang pernah mengalami hal seperti itu. Ia kemudian berkisah sebagai berikut: ''Beberapa saat kemudian, kepala gadis itu mendadak saja diselubungi oleh suatu ujud atmosfir yang lembut, bercahaya dan berwarna kekuning-kuningan. Sementara itu, kulihat pokok inti organ perotakannya mulai bergerak dan mengembang, tetapi juga serentak menghentikan segala pembangkitan daya kerjanya pada badan wadag, tetapi potensi daya kerja yang ada di perotakan justru jadi jauh lebih aktif, seakan-akan dipenuhi oleh semua potensi daya listrik dan magnetisme kehidupan yang dulunya tersebar di seluruh badan wadag. Bagian perotakan menjadi puluhan kali berlipat ganda kuatnya, dibanding dengan organ-organ tubuh lainnya, pada waktu berada pada puncak kesehatannya dulu. Tanpa kecuali, peristiwa akan selalu terjadi menjelang matinya badan wadag.

Proses kematian saat itu telah sampai pada puncak. Semua tebaran daya listrik dan magnetisme kehidupan dihisap oleh perotakan. Kilauan cahaya pada kepala makin intensif, sementara bagian tubuh lainnya jadi makin suram, gelap. Atmosfir lembut yang cemerlang dan berwarna kekuningan di atas kepal orang yang mendekati ajal, pelan-pelan mulai membentuk ujud sebuah kepala yang baru, yang selanjutnya diteruskan dengan pembentukan anggota-anggota badan lainnya, yang emuanya bersifat roh. Cacat-cacat yang dulu ada pada badan wadag, tak tampak lagi. Badan roh secara tegak lurus melayang keluar dari kepala badan wadag yang telah ditinggalkan. Dan pada sat terakhir badan roh akan memutuskan ikatan hubungannya dengan badan wadag, aku sempat melihat terjadinya suatu ledakan cahaya yang dahsyat. Agaknya sampai detik saat terakhir, badan wadag masih berupaya sekuat-kuatnya untuk menyeret kembali rohnya, meskipun sia-sia.

Selanjutnya, aku mencurahkan perhatian pada badan roh yang telah bebas tadi. Ternyata sejak aku pertama kali melihat bagian perotakan mulai bersinar sampai pada terbebasnya pada roh, prosesnya telah menyita waktu sekitar 2½ jam. Untuk beberapa saat, agaknya roh anak gadis tadi perlu menyesuaikan diri dengan kondisi batunya, dengan alam sekelilingnya. Kemudian, kulihat roh turun dari posisinya, di atas badan wadagnya, lalu melayang keluar melalui pintu. Pintu-pintu saat itu memang terbuka semua, karena peristiwanya terjadi di musim panas. Kulihat dia berlalu pula dari kamar sebelah, meninggalkan rumah dan melangkah di atmosfir, seakan-akan seperti di tanah yang mendaki saja. Segera setelah roh meninggalkan rumah, kulihat ada dua roh lainnya yang datang menyambut. Tampaknya bukan roh-roh yang asing bagi roh si gadis. Dengan gaya yang amat indah, bertiga mereka menelusur miring naik ke atas menembus atmosfir. Aku tetap mengikuti pelayangan mereka, tetapi akhirnya mereka menghilang di kejauhan. Aku sendiri pun tersadar kembali pada alam realita dunia ...."

Sengaja penulis mengutip penghayatan pengalaman Andrew Jackson Davis ini secara mendetil. Bukan saja karena dia menguraikan tahap-tahap prosesnya dengan begitu terperinci, tetapi juga karena gejala-gejala yang berhasil diuraikannya itu, semuanya telah menjadi bahan penelitian disiplin parapsikologi. Dan penulis akan menguraikannya lagi di bagian lain. Titik berat peran pada peristiwa pelayangan keluar yang definitif seperti di atas, terbukti terletak pada organ perotakan. Hal ini memang banyak terdapat pada uraian ajaran spiritisme maupun pada keterangan-keterangan yang disampaikan oleh banyak medium, serta pada permasalahan yang berkaitan dengan *suara*, gejala penyebaran cahaya mirip listrik di sekitar badan atau kepala, sering disinggung.

Jackson Davis menyebut badan astral si gadis yang melayang keluar dari badan wadagnya, sebagai *roh*. Demikian pula dengan dua lainnya yang datang menjemput. Gejala terlihatnya penampilan ujud roh memang bukan hal asing bagi para penganut aliran spiritisme, para medium, orang-orang yang tembus pandang atau paragnos. Di dalam Bab tentang spiritisme, akan dijelaskan juga bahwa gejala penampilan ini, bisa terlihat juga oleh orang-orang awam. Adanya dua roh lainnya yang datang menjemput, juga cocok dengan keterangan-keterangan para medium maupun orang-orang berbakat paranormal lainnya. Roh-roh sanak keluarga atau kenalan yang telah lebih dulu meninggal, membantu roh pendatang baru, dalam acara penyesuaian di alam transisi menuju ke suatu alam baru yang belum dikenalnya.

Penting kiranya, gejala yang oleh Jackson Davis, disebut sebagai suatu peristiwa *peledakan cahaya yang dahsyat*, pada saat perpisahan terakhir antara badan wadag dengan badan astral. Ribuan kisah *pelayangan keluar*, juga menyinggung masalah ini. Ikatan di antara kedua badan, sering diumpamakan sebagai seutas tali yang bisa direntang sekehendaknya. Selama hubungan tetap terpelihara, maka badan wadag tetap bisa hidup dan berfungsi sebagai suatu tempat pangkalan, sementara, bagi badan astral. Kalau tali hubungan terputus, perpisahan antara badan wadag dan badan astral akan menjadi permanen. Saat itu kita sebut kematian. Uraian-uraian seperti ini bisa ditemukan pada banyak ajaran agama maupun peradaban dan kebudayaan. Misalnya di Mesir Kuno, pada suku-suku bangsa Indian di Amerika Tengah dan di dalam Kitab Kematian Bangsa Tibet yang amat masyhur.

Di dalam Kitab Suci Kristen juga ada uraian seperti itu. " ... sebelum rantai perak diputuskan ...." (Pengkhotbah 12 : 6,7). Tali itu sering dilukiskan sebagai *seutas benda yang berkilau*, seperti terbuat dari emas atau perak. Penulis wanita dari Inggris, A, David-Neel, pada tahun 1931 telah menerbitkan bukunya "With Mystics and Magicians in Tibet". Dikisahkan olehnya mengenai orang-orang tertentu, yang di Tibet disebut DELOG. Orang-orang ini di dalam tidurnya dapat melakukan perlawatan-perlawatan yang jauh, dan bahkan mampu menengok ke dalam alam kelanggengan atau *BARDO* di dalam bahasa Tibet. Tulis Ny. A. David Neel: "Di sebuah kampung, di distrik Taarong, aku berjumpa seorang wanita, yang beberapa tahun sebelumnya, selama seminggu pernah *mati semu*. *Delog* ini memberitahukan bahwa dia benar-benar merasa nikmat dan terheran-heran bahwa *badan baru*-nya dapat begitu lincah bergerak sekehendak hati. Ringan dan trampil sekali segala gerakannya. Bahkan cukup dengan mengutarakan harapan saja, badan ini akan segera bisa tiba di tempat yang dituju. Menyeberang sungai, berjalan di atas air, bahkan menembus dinding. Hanya satu hal yang terasa musykil. Tali yang menghubungkan dengan badan wadagnya tak bisa terputuskan. Tali itu sendiri tidak mengganggu segala gerakannya, karena bisa direntangkan tanpa batas.

Pada tahun pertama abad ini, hidup seorang Amerika yang bernama Sylvan Muldoon. Ia berkali-kali mengalami pelayangan keluar. Pengalaman berkali-kali itu diungkapkan di dalam bukunya yang diberi judul "The projection of the Astral Body" (Memproyeksikan Badan Astral). Muldoon menyebut badan astral sebagai satu alat *kondensator* dari enerji kosmis yang tersimpan di dalam badan wadag atau duplikat badan wadag yang bersifat roh, yang secara beraturan membutuhkan isian enerji baru. Setiap kali badan astral memerlukan isian enerji kosmis yang baru, maka badan roh ini melepaskan diri dari pembungkusnya. Hal ini terutama akan terjadi pada saat badan wadag merasa sangat lelah atau kehabisan tenaga. Ini cocok dengan pengalaman penulis yang telah kami uraikan pada awal bab ini. Di Amerika, pernah diadakan angket mengenai gejala peristiwa pelayangan keluar ini. Ternyata, bahwa sekitar sepuluh persen dari seluruh jumlah penduduk negara itu, pernah mengalaminya paling tidak sekali dalam seumur hidupnya. Dan ternyata, bahwa usia akil balig adalah kurun waktu paling peka untuk gejala ini. Tenhaeff, ahli parapsikologi bangsa Belanda, berdasarkan hasil penelitiannya, menyatakan bahwa orang-orang yang sedang menderita tekanan psikologis atau sedang dalam kondisi kelelahan yang berlebihan, lebih peka terhadap gejala peristiwa itu.

Jaconson, seorang psikiater bangsa Swedia, dalam bukunya yang terbit di negeri Belanda dengan judul "Leven de Doden?" (Apakah orang-orang mati, hidup?), menyatakan: "Suatu peristiwa pelayangan bisa saja diawali pada saat tidur atau pada saat terbangun semu. Tetapi yang lebih sering ialah pada saat orang sedang sakit atau tertekan mental. Juga pada kondisi sadar sepenuhnya atau selama seseorang pingsan karena kecelakaan.

Peter Andreas dan banyak orang lainnya sebelum dia, telah mengambil prakarsa untuk melukiskan struktur badan manusia yang menurutnya berlapis empat, yaitu badan wadag, badan ether atau bioplasma, badan astral dan badan roh.

Selanjutnya dikatakan, bahwa pada waktu lelap tidur, badan astral dan badan roh melepaskan diri dari badan wadag. Bisa sampai beberapa meter jauhnya, dan bisa pula melayang-layang dengan bebas. Menurut teori-teori lainnya yang berpijak pada dasar yang sama, maka peristiwa seperti ini dapat diajukan sebagai dasar penjelasan, misalnya mimpi-mimpi yang sifatnya paranormal. Seperti yang terjadi pada wanita Tibet, yang pernah disinggung. Badan astral berkelana ke mana-mana, melihat bermacam hal, yang terbukti sebagian atau seluruhnya benar. Juga orang-orang yang terbius atau dalam kondisi yang di lapangan ilmu medis disebut *mati klinis* bisa mengalaminya. Setelah sadar kembali, satu istilah medis yang sebenarnya kurang tepat untuk gejala peristiwa seperti ini, maka terungkaplah selanjutnya bahwa apa yang sebenarnya telah terjadi adalah suatu peristiwa pelayangan keluar dari badan astral. Mungkin tidak sampai jauh. Tetap di dalam ruang operasinya saja atau di dalam kamar sendiri. Namun sering juga sampai di alam kelanggengan.

Francis Leslie, seorang wanita Amerika, pernah mengalami peristiwa seperti itu, di sebuah kamar rumah sakit di Paris. Jantungnya tiba-tiba saja berhenti. Setelah diterapkan terapi masase, ternyata dia bisa kembali sadar. Wanita itu kemudian bercerita: "Aku tidak ingat apa yang terjadi sebelumnya. Tiba-tiba saja aku dengar suara denging yang lembut. Dan aku dikelilingi oleh bermacam-macam warna. Atau barangkali warna-warna itu yang menjadi sumber suara. Terasa seperti aku sedang melayang maju menembusi suatu terowongan yang panjang. Pada bagian awal terowongan, amat sempit, namun makin masuk, dan makin longgar. Juga warna-warna di sekeliling makin jelas dan cemerlang. Sepasang kakiku, ah, bukan, bukan ... karena rasanya saat itu aku sudah tidak berwujud tubuh lagi. Atau barangkali tetap punya juga? Perwujudanku jelas berbeda, tetapi tidak lagi kuingat bagaimana sebenarnya .... Dari kejauhan terdengar suara yang memanggil. Suara itu ternyata kukenal baik. Milik seorang yang telah lama meninggal dan terhadapnya aku sering teringat. Gabungan warna dan suara secara selaras sekali, menciptakan suasana dan musik yang luar biasa indahnya. Meresapi seluruh diriku. Suatu kebahagiaan besar yang belum pernah kunikmati sebelumnya, menguasai seluruh diriku dan menarikku ke arah sumber suara tadi .... Betapa kecewa rasanya, ketika tiba-tiba saja aku merasa ditarik keluar kembali dari terowongan. Warna-warna di sekelilingku menjadi makin pucat, suara yang mirip musik indah pun lenyap. Bentuk ujudku pun pulih seperti biasa. leherku serasa tercengkeram oleh kait baja yang membuatku tak dapat berdaya apa pun. Suasana sekelilingku sepintas menjadi berwarna merah tua disusul oleh kepekatan yang tiada taranya. Inikah yang disebut kegelapan abadi? Mendadak saja aku sudah berbaring lagi di tempat ini dan mendengar kalian berbicara. Sebenarnya aku merasa sangat sedih ....''

Kebanyakan kisah pelayangan keluar, tidak sehebat apa yang dialami Ny. Leslie. Lagi pula singkat sekali, sehingga langka sekali dapat teringat dengan baik oleh yang bersangkutan. Badan astral dapat dengan mudah melayang ke atas, yang menyebabkan arahan pandangnya jadi lebih tinggi daripada sewaktu roh itu berada di dalam badan wadag. Maka orang-orang yang mengalami gejala pelayangan keluar selalu merasa dia sedang memandang ke bawah. Biasanya mereka akan melihat badan wadagnya sendiri yang masih berada di bawah. Hal ini hampir selalu akan menimbulkan rasa panik, karena tertekan oleh keanehan yang sedang dialaminya. Timbul rasa kepanikan bahwa mungkin ia takkan dapat kembali lagi ke dalam badan wadagnya, yang telah begitu lama menjadi pangkalannya. Dan ia akan berusaha sekuat tenaga untuk lekas kembali masuk ke dalam badan wadagnya, sehingga peristiwa pelayangan yang baru pertama kali dialaminya, kebanyakan akan berlalu dengan cepat sekali. Kalau hal yang sama dialami untuk kedua kalinya, tetapi ada beberapa orang yang bisa mengalaminya untuk kedua atau ketiga kalinya, mungkin yang bersangkutan akan jadi lebih mantap. Rohnya mungkin tergelitik oleh rasa ingin lebih tahu. Misalnya, apakah aku masih juga mampu menyentuh benda-benda; apakah aku dapat melayang keluar; dan lain sebagainya. Memang tidak ada halangan sedikit pun untuk melakukan semua itu. Badan astral akan dapat menembus dinding atau pintu tanpa sedikit pun merasa terhalang.

Ada juga yang mengatakan bahwa roh yang melayang keluar takkan dapat menyentuh atau memegangi benda-benda yang ada di dalam fisik. Penulis meragukan hal ini. Menurut pendapat penulis, justru peristiwa pelayangan keluar roh atau badan astral akan bisa dicari bukti bagi gejala-gejala paranormal yang dibangkitkan oleh gaya psikokinesi, mempengaruhi atau menggerakkann benda/materi dari jarak jauh yang dimiliki oleh para medium, yang bekerja di dalam kondisi trance maupun dalam kondisi sadar.

Klasik adalah peristiwa pelayangan keluar yang terjadi pada diri Sylvian Muldoon. Di dalam peristiwa itu terdapat semua unsur yang karakteristik dengan macam-macam peristiwa sejenis yang pernah terjadi. Kisanya Kisahnya sebagai berikut: ''Pada suatu larut malam, mendadak saja aku terbangun dari suatu mimpi yang buruk sekali. Itulah kesan pertama yang membekas di benakku setelah aku tersadar. Di dalam apa yang kuanggap mimpi buruk tadi, aku sama sekali tak dapat bergerak. Seluruh badanku, saat itu kuanggap sebagai badan wadagku, tetapi kemudian ternyata bukan, mendadak bergetar dengan hebat sekali, dibarengi dengan melekatnya suatu sumber tenaga yang amat kuat pada tempurung kepalaku, bagian belakang. Badanku terasa ditarik ke atas, dilayangkan dan digetarkan serta dibarengi tibanya rentetan suara yang datang dari kejauhan. Setelah kejutan pertama lewat, dan aku berusaha melihat keadaan sekitar, maka aku sekali lagi terhenyak, terkejut. Ternyata saat itu aku sedang melayang di atas tempat tidur. Beberapa kaki di di atasnya, dan masih naik terus. Pada ketinggian sekitar tujuh kaki, suatu tenaga yang tak tampak tetapi bekerja dengan cerdas dan efisien sekali, mengubah posisi horisontalku menjadi vertikal, dengan kedua kaki mengarah ke bawah. Kekuatan ganjil itu akhirnya makin menghilang dan aku mulai bisa bergerak dengan bebas. Aku berhasil membalikkan tubuh, dan untuk ketiga kalinya aku terkejut sejadi-jadinya! Di atas pembaringan masih ada badanku yang kedua. Kemudian aku pun melihat apa yang tadi kurasakan sebagai suatu yang melekat pada tempurung belakang kepala. Seutas tali menghubungkan tempurung kepalaku dengan bagian yang sama dari ''aku-ku'' kedua yang terbaring di bawah. Tali itu cukup kuat dan tebal, dengan ukuran panjang sekitar 2 meteran. Detik itu tercetus pikiran, bahwa aku telah meninggal dunia di saat lelap tidur. Kucoba membuka pintu, tetapi pintu ternyata dapat kutembus dengan mudah sekali. Didorong rasa takut yang makin mencekam, aku menyusup masuk ke kamar demi kamar untuk menggugah mereka yang sedang tertidur. Namun tanganku menembus badan mereka tanpa terasa adanya rabaan apa pun, seakan-akan mereka terbuat oleh kabut saja. Kecuali indra perabaan, indra lainnya tetap berfungsi dengan baik. Kudengar dengan jelas sekali deru suara sebuah mobil yang sedang lewat, dan dengan jelas sekali kulihat kendaraan itu melaju pergi. Beberapa saat aku berputar-putar dalam kepanikan. Cemas dan takut sekali, kalau cuaca akan berganti pagi dan orang-orang akan bangun dan melihatku dalam kondisi sedemikian rupa. Aku tersiksa oleh kepanikan selama lebih kurang seperempat jam. Mendadak saja tali di tempurungku bagian belakang, dengan kuat menyeret aku. Begitu kuat daya tariknya, sehingga aku terjatuh dan sesaat kemudian terjadi hal kebalikannya dari apa yang pertama tadi kualami. Pelan-pelan badan rohku makin tersedot masuk ke dalam badan wadag, getaran hebat kembali berulang dan akhirnya seluruh badan roh, dengan sempurna telah masuk ke dalam badan wadagnya lagi.

Contoh-contoh di atas kalau dipadukan, akan dapat memberikan satu gambaran yang menyeluruh tentang peristiwa proses pelayangan badan astral, yang terjadi secara di luar kesadaran. Setiap saat, siapa pun di antara kita bisa mengalaminya. Tetapi di samping peristiwa pelayangan badan astral yang terjadi secara tidak disengaja, masih ada sejumlah orang yang dapat menciptakan peristiwa pelayangan badan astral yang disengaja.

Frederik van Eeden, (1860-1932), seorang pengarang Belanda yang cukup tenar, adalah sebuah contoh yang baik sekali. Dia memang akrab terlibat di dalam eksperimen-eksperimen parapsikologi pada jamannya. Khususnya yang berkaitan dengan masalah mimpi, yang pernah diuraikannya dengan mendetil sekali. Buku hariannya berisikan uraian-uraian terperinci mengenai bermacam-macam eksperimen yang pernah dilakukannya. Buku harian ini, belum lama berselang telah dicetak ulang. Romannya yang berjudul ''De Nachtbruid'' (Mempelai wanita di kala malam), menangani masalah itu juga. Van Eeden bereksperimentasi dengan dirinya sendiri. Dasar pemikirannya ialah bahwa ''mimpi adalah semacam proses reintegrasi psiko yang menyeluruh di dalam suatu *sfir* (kondisi suasana) yang berlainan''. Ini sama dengan titik tolak pola pemikiran Muldoon, yang menganggap mimpi sebagai suatu instrumen untuk roh, supaya dapat melepaskan diri dari badan wadagnya dan mengadakan pengisian ulang potensi enerji psikis untuk dirinya.

Ada beberapa jenis mimpi yang selalu berulang. Kami yakin hampir setiap orang mengenal gejala ini. Di saat mimpi berulang, orang akan merasa bahwa dia pernah mengenal kondisi dan keadaan yang sedang berlangsung. Pengulangan mimpi, pada aspeknya yang lain akan bisa membuat orang yang bersangkutan menyadari bahwa dia sedang bermimpi. Hal ini, oleh seorang ahli parapsikologi wanita yang bernama Celia Green, disebut *lucid dream* atau mimpi yang terjadi di dalam kondisi pikiran jernih. Van Eeden juga. Dia menyadari sepenuhnya bahwa dia sedang bermimpi. Dan bertolak pada ide ini, dia dengan sadar mengadakan eksperimen di dalam mimpinya. Misalnya seperti ini. Van Eeden berulang kali bermimpi bahwa dia melihat sebuah gelas berisikan minuman anggur terletak di atas sebuah meja di suatu rumah. Kemudian dia menyadari bahwa peristiwa itu bukan suatu realita, tetapi hanya mimpi belaka. Momen yang lucid di dalam eksperimen Van Eeden, ialah bahwa ia mampu ''berfikir secara sehat akal pada sat ia bermimpi''. Dia ingin mencoba ''rasa anggur di dalam mimpi'' itu. Jadi secara sadar dia akan memanfaatkan ''kondisi mimpi'' sebagai satu dasar eksperimen. Dia mencicipi anggur mimpi itu. Ternyata punya rasa juga, seperti layaknya rasa anggur di waktu dia sadar. Kesimpulan yang selanjutnya ditarik olehnya, ialah bahwa rasa juga bisa dimimpikan.

Seperti Muldoon, Van Eeden menganggap mimpi sebagai satu peristiwa pelayangan keluar dari badan astral. Eksperimen pembuktiannya, ia lakukan sebagai berikut. Dia akan secara sadar menciptakan satu peristiwa pelayangan keluar dalam bentuk mimpi. Sebelum tidur, dia menentukan suatu penugasan bagi dirinya sendiri yang harus dilaksanakannya di atas mimpi. Dengan kata lain, dia menugaskan diri sendiri untuk bermimpi tentang satu hal yang pasti. Di dalam kepastian mimpinya, ia akan melakukan suatu yang telah direncanakannya pada waktu ia sadar.

Romannya, ''De Nachtbruid'', berkisar pada masalah itu. Dan ungkapannya ialah sebagai berikut: ''Anda takkan dapat membayangkan, betapa bahagia diriku setelah aku terbangun. Rencanaku berhasil, bahwa di dalam mimpi pun aku tetap dapat menghayati dan sadar akan peristiwa yang telah terjadi di dalamnya''. Eeden berhasil menghayati pengalaman bahwa di alam mimpi itu ada beberapa tataran *sfir* (kondisi suasana). Hal ini pun satu pandangan yang telah lama berakar pada sejumlah agama dan aliran filsafat, khususnya tentang adanya jaman kelanggengan dan kerajaan roh. Di antara berbagai *sfir* tadi, ada stu *sfir* yang khas dan mampu mencipta pesona dan rasa bahagia yang tak terhingga. Dan justru pada *sfir* itu, kesadarannya akan keberadaan dirinya jadi amat kukuh. Kemampuan kejernihan tembus pandang melipat ganda dan terlalu sukar untuk diuraikan. Begitu gaib, begitu mempesona rasanya. Di dalam sfir ini, orang juga punya badan yang terasa aneh, begitu longgar dan intensif, disertai beberapa ciri khas lainnya. Kaki tangan memang masih sempurna. Pakaiannya juga, apa yang dikenakan sehari-hari. Dia hanya akan mampu mengenali badan mimpinya yang seujud dengan badan wadagnya, pada saat badan mimpi yang seujud dengan badan wadagnya, pada saat badan mimpi tadi kembali masuk di dalam raganya. Van Eeden juag melukiskan proses kembalinya badan mimpi (astral) ke dalam badan wadag sebagai satu proses peluncuran masuk.

Peristiwa pelayangan keluar yang sadar kecuali dengan daya sendiri seperti di atas, juga dapat dilakukan dengan bantuan orang lain melalui hipnosa. Contoh yang baik terdapat di dalam sepucuk surat, yang ditulis oleh dua orang siswa sekolah ZENI (Teknik Militer) di Portsmouth, Inggris, yang terjaidi tahun 1886. Nama kedua siswa itu ialah Sparks dan Cleave. Bunyi surat antara lain sebagai berikut: ''Selama tahun lalu, aku beberapa kali telah memagnitisir seorang kawanku. Ternyata setelah beberapa kali kulakukan, aku mengetahui bahwa tidurnya jadi lebih nyenyak kalau aku menerapkan tarikan gaya magnetisme yang panjang dan dilanjutkan setelah kawan tertidur. Dalam tidur magnetis itu, kawanku menceritakan bermimpi melihat banyak macam tempat yang sangat menarik. Suatu malam, yakni hari Jum'at tgl. 15 Januari 1886, kawanku menyatakan keinginannya untuk melihat seorang gadis sahabatnya yang bertempat tinggal di kota Wandsworth, dan sekaligus ingin dilihat oleh gadis itu. Aku lalu memagnitisir dia selama kira-kira 20 menit. Kuteruskan upayaku, dengan gaya tarikan-tarikan yang panjang, dibarengi dengan curah konsentrasi yang sepenuhnya mengenai pesannya. Setelah sadar, dia bercerita bahwa dia telah benar-benar melihat kehadiran gadis itu di kamar makan. Gadis itu tampak tegang dan menutupkan sepasang tangannya pada wajahnya.
Pada hari Rabu berikutnya, kawanku menerima sepucuk surat dari gadis yang bersangkutan. Di dalam surat dikemukakan sebuah pertanyaan, apakah telah terjadi sesuatu dengan kawanku. Selanjutnya ia bercerita, bahwa ia mengalami kejutan yang besar sekali ketika pada Jum'at malam yang lalu, tiba-tiba saja ia melihat kawanku berdiri di kamarnya. Dia pikir itu mungkin halusinasi ....''

Jackson Davis, ''si tembus pandang'', pernah menyatakan bahwa orang memang bisa melihat badan astral orang lain. Cerita di atas dapat dijadikan bukti untuk kebenaran kata-katanya. Banyak orang yang bersikap skeptis, selalu menganggap hal seperti itu sebagai satu gejala halusinasi. Tetapi Robert Crookall, seorang ahli peneliti masalah ini dari

Inggris, dengan yakin mengatakan bahwa dalam peristiwa seperti itu, gejala halusinasi musykil dapat terjadi. Dan banyak ajaran agama maupun aliran filsafat, mendukung pandangan Crookall. Seorang dokter dari Perancis, Hypoline Braduc, bahkan telah berhasil membuat foto badan-badan astral istri dan putranya, beberapa jam setelah mereka meninggal dunia. Ada selapis kabut yang tergantung di atas badan wadag orang yang baru saja mati. Joy Snell, seorang medium wanita dari Inggris, juga punya pengalaman yang sama. Hal ini terjadi ketika ia menunggui seorang sahabat wanita yang akan meninggal dunia. Kata Ny. Snell: ''Setelah jantungnya berhenti, aku dapat melihat dengan jelas sekali, segumpal asap melayang keluar dari badannya. Mula-mula gumpalan asap itu semrawut bentuknya, namun lambat-laun makin jelas menjadi sesosok tubuh yang mirip dengan sahabatku. Pada puncak kesempurnaannya, bahkan jadi jauh lebih indah daripada waktu hidupnya. Meskipun menjelang ajalnya, wajahnya tampak sangat menderita, pada perujudannya yang baru, bekas-bekas deritanya telah lenyap sama sekali.

Proses pelayangan keluar roh dari tempurung kepala, sebagaimana banyak dikisahkan oleh orang-orang paranormal, agaknya dapat juga dibuktikan lewat ilmu kedokteran. Telah sejak lama sekali diketahui, bahwa orang yang menjelang ajal, akan pelan-pelan kehilangan kesadarannya, serentak dengan terjadinya penghentian semua fungsi organisme tubuh. Hanya fungsi fikiran saja yang masih berlangsung. Di dalam ajaran tentang Reinkarnasi, yang di bab lain nanti akan kami bahas secara lebih terperinci, terdapat pengertian bahwa roh yang telah melayang keluar itu akan kembali masuk lagi, karena dititahkan untuk ber-reinkarnasi. Segera setelah roh keluar dari badan wadag seseorang, roh yang bersangkutan akan mencari suatu badan wadag lain yang berada di rahim seorang ibu, yang pada saat itu masih berwujud embrio. Jadi roh yang baru saja keluar, tidak akan melayang pergi, tetapi akan masuk kembali ke dalam badan wadag seorang lain. Caranya juga sama, ialah melalui ubun-ubun embrio di dalam rahim. Di dalam ''Buku Kematian Tibet'', proses ini dijelaskan secara terperinci sekali. Kalau kita baca naskah terjemahannya, maka kita serasa membaca suatu uraian ilmu kedokteran modern saja, meskipun yang digunakan adalah bahasa lambang keagamaan. Di dalam uraian itu kita diberi penjelasan bahwa kesadaran orang pada saat-saat akhir menjelang ajal, akan menarik diri ke dalam organ yang disebut ruang perotakan yang keempat. Kami yakin, hal ini dapat diterima dengan layak di dalm ilmu kedokteran modern. Apa yang selanjutnya terjadi, masih dianggap sangat gelap bagi ilmu pengetahuan. Tetapi bagi aliran paranormal, tidak ada keraguan lagi bahwa sejak tahap itu, badan astral akan meninggalkan badan wadag. Yang disebut ruang perotakan keempat ialah satu organisme inti di dalam imbrio. Para pengikut aliran Reinkarnasi, yang bukan hanya terdiri dari golongan Buddhis saja, tetapi juga dari aliran antroposofi, yang akhir-akhir ini tampil sebagai satu kekuatan baru yang makin maju, mengasumsikan bahwa roh masuk ke dalam embrio melalui organisme perotakan. Selanjutnya, setelah sekali lagi mengalami hidup duniawi, akan keluar lagi melalui jalan yang sama dan begitu seterusnya. Di samping pengalaman-pengalaman paranormal yang mereka anggap nyata ada, ada satu hal lain pula yang berhasil menambah kukuh keyakinan mereka. Fakta yang telah terbukti secara ilmiah menyatakan, bahwa badan wadag manusia setelah meninggal dunia akan kehilangan bobotnya sekitar 18 gram.

Bahwa orang-orang yang tahu jalannya, akan dapat dengan sadar menciptakan satu peristiwa pelayangan keluar badan astral atau roh kiranya bisa diterima kebenarannya. Bukti-bukti seperti yang dikemukakan melalui pengalaman-pengalaman orang-orang seperti Sylvan Muldoon, Frederik Van Eeden dan lainnya, kiranya bukan kebohongan belaka. Hanya cara-caranya saja yang kadang-kadang berbeda. Pendeta-pendeta Tibet akan menempuhnya melalui meditasi. Para medium memilih trance. Van Eeden memilih lucid dreams, juga Muldoon. Ada juga yang memilih pembiusan, yang punya akibat sama dengan narkosa. Sir Oliver Lodge, seorang peneliti Inggris, menyatakan bahwa peristiwa pelayangan keluar atau pelayangan masuk terjadi lewat kelenjar di bawah otak.

Orang-orang yang sudah ahli dalam masalah pengadaan pelayangan keluar secara sadar ini, seperti misalnya Robert Monroe, dari Amerika, mampu berproyeksi secara astral. Hal ini berarti bahwa dia mampu menyuruh badan astralnya berkelana ke suatu tempat, untuk menggali pengalaman. Eksperimen-eksperimen ilmiah yang dikenakan atas dirinya secara definitif membuktikan kemampuannya tadi. Dia bahkan telah berhasil mengembangkan metode-metode yang sistematis, yang diuraikan di dalam buku karangannya yang berjudul ''Journeys of the Body''.

Bukan tempatnya bagi kami untuk menguraikan metode-metode itu di halaman ini, karena kami yakin bahwa tanpa bimbingan orang-orang ahli, eksperimen-eksperimen paranormal terlalu banyak resikonya. Pembaca masih ingat, betapa pengalaman pelayangan kami yang paling pertama, telah menimbulkan rasa panik yang berlebihan. Bisa jadi, pengalaman akan membuat kita jadi kebal, tetapi apakah semua pengalaman akan sama terus? Inilah yang mencegah kami berbuat gegabah. Boleh jadi, badan wadag memang mirip selembar kertas pembungkus saja, tetapi bagaimanapun juga, umumnya orang justru kertas pembungkus itu yang lebih akrab dikenal dibanding dengan isinya.

Bab 2
Aura

Aura adalah suatu bentuk sinar yang mengelilingi tubuh hewan, tanaman, tetapi juga ditemukan pada benda-benda materi mati. Melalui foto-foto, yang dibuat pada beberapa dasawarsa terakhir ini, penampilan aura telah mulai banyak dikenal. Foto yang berhasil memang sangat mempesona. Kita akan dapat melihat organisme hidup, misalnya saja sebatang tanaman, tangan atau jari manusia, seekor hewan, yang tampil bagaikan sedang bermandikan cahaya bunga api dengan warna yang ajaib. Berbeda dengan peristiwa penampilan gejala pelayangan ke luar yang bukti-buktinya kurang menyakinkan, maka untuk aura kita akan dapat melihat dengan mata kepala sendiri bahwa gejala penampilannya telah berhasil diabadikan melalui cetakan foto. Orang tidak ragu lagi tentang keberadaan aura. Kebenaran keberadaannya boleh saja dianggap difinitif terbukti, tetapi di benak orang tetap saja mengiang sebuah pertanyaan: ''Apa sebenarnya aura?''

Sejumlah hasil karya tertulis mengenai aura, sering mengemukakan kemungkinan akan adanya hubungan antara badan astral dengan aura. Seperti sudah kita ketahui, Peter Adreas, seorang pengarang Jerman, mengemukakan teori tentang adanya empat macam badan, dalam susunan urutan sebagai berikut: badan wadag, badan ether atau bio-plasma, kemudian badan astral dan akhirnya badan roh, yang ada kalanya juga disebut spiritual.

Badan bio-plasma, yang secara ilmiahnya disebut badan enerjitis diandaikan sebagai peliput langsung badan wadag. Ini yang menjadi penyebab terciptanya aura. Jauh sebelum adanya upaya penelitian tentang keberadaan aura, ilmu pengetahuan telah dapat memberi kita suatu kepastian bahwa setiap organisme hidup dikelilingi oleh suatu medan elektro-magnetis. Tetapi aura sama sekali berbeda. Keberadaan aura pun baru pada beberapa dasawarsa terakhir ini, diakui oleh dunia ilmu pengetahuan. Penjelasan tentang adanya aura bukan dilakukan oleh disiplin parapsikologi tetapi oleh ilmu fisika.

Tetapi, dari warisan kisah-kisah jaman lalu, kita tahu bahwa aura sering juga diartikan sebagai satu lambang kesucian yang hanya dimiliki oleh orang-orang tertentu. Sejumlah lukisan religius di benua Barat dari abad pertengahan, misalnya melukiskan orang-orang yang dianggap suci, dengan lingkarang cahya yang mengelilingi kepalanya. Juga di dalam Kitab Suci Kristen, disinggung tentang adanya cahaya cemerlng yang mengelilingi badan Yesus. Lingkaran cahaya itu juga disebut *nimbus.*

Di Yunani Kuno dan Cina Kuno, penampilan titik-titik atau medan cahaya bukan suatu yang asing. Khususnya dalam arti medis. Kuat atau lemahnya medan sinar, oleh mereka dianggap akrab sekali hubungannya dengan kondisi psikologis atau fesis orang yang bersangkutan. Ilmu akupunktur di Cina juga berlandaskan pada titik sumber dan garis jalur pemencaran sinar yang oleh mereka diandaikan terbesar di diseluruh tubu. Plutarchusm seorang penulis dari Yunani Kuno (46-120) menjelaskan teorinya mengenai bagaimana aura tercipta oleh perasaan dan daya fikir orang. Di jaman-jaman kemudian banyak juga medium yang memang berkemampuan tingggi berhasil melihat aura. Sampai awal abad ini, kisah-kisah mereka masih langka dipercaya orang, karena ketiadaan bukti-bukti objektif. Namun pada beberapa dasawarsa terakhir, aura telah terbukti secara difinitif keberaannya melalui tehnik ilmu alam.

Pada tahun 1911, seorang dokter Inggris, Walter Kilner, menerbitksan karangannya yang berjudul ''The Human Atmosphere''. Dia telah mengadakan eksperimen-eksperimen mengenai eksistensi aura. Kesimpulan yang berhasil ditariknya ialah bahwa badan wadag dikelilingi oleh tiga wujud medan penyinaran. Kilner menganggap dirinya telah menemukan sebuah metode untuk mengetahui adanya hal itu. Sederhana saja metodenya, ialah: melalui dua lapis lembaran kaca yang di antaranya telah diberi bahan pewarna. Alangkah baiknya kalau orang percobaannya berdiri telanjang di depan latar belakang yang agak gelap. Dengan melihat menembus dua lapisan lembaran kaca tadi, maka akan dapat terbukti adanya tiga ujud medan sinar. Selanjutnya Kilner mengatakan bahwa berdasar pengalaman-pengalamannya bertahun-tahun sebagai dokter, warna-warna yang olehnya disebut spektrum warna sinar ultra violet itu, akan dapat melukiskan kondisi keadaan psikologis maupun fisis pasien atau si orang yang dijadikan objek eksperimen. Setelah dr. Kilner mati, rekan-rekan sealirannya bahkan telah berhasil menyusun suatu skema warna. Khususnya di Amerika Serikat, susunan skema warna ini telah mendapat perhatian yang cukup besar. Warna-warna aura punya arti, seperti di bawah ini:

Merah tua	egoisme
Merah kecoklatan	kebencian/kekejaman
Merah asli	nafsu
Merah dadu	rendah hati/esthetis
Oranye	vitalitas/dinamika
Kuning	intelektuil/optimisme
Kuning tua	curiga/iri hati
Hijau	enerji, kreatif
Hijau tua	cemburu, jelus
Hijau zaitun	penghianatan
Coklat	realitas/konvensional, ambisius
Biru	pengembangan spiritual
Indigo	kebijaksanaan/waskita
Kelabu	kepicikan/kelicikan
Kelabu tua	ketololan/ketidakrelaan
Perak	kelincahan/serba bisa

Terbukti bahwa metode Kilner tidak terlalu meyakinkan. Hanya sedikit sekali orang yang mampu melihat aura dengan cara itu. Bukti ilmiah yang pasti, baru dibuktikan oleh sepasang suami istri dari Rusia, yakni keluarga Kirlian. Ini terjadi pada dasawarsa 30-an. Mereka berhasil membuat foto-foto mengenai adanya aura. Tetapi bukan dengan menggunakan kamera. Semjon dan Valentina Kirlian berhasil mengembangkan satu metode yang dapat memindahkan ujud medan sinar ke atas lembaran kertas fotografis dengan perantara sebuah alat generator percik. Generator ini adalah sebuah alat teknis yang dapat membangkitkan getaran frekuensi tinggi, yakni rata-rta 150.000 getaran per sekon. Dengan alat ini, obyek, misalnya selembar daun, sebuah tangan, berikut auranya, akan dapat digetarkan perwujudannya ke atas lembaran kertas fotografis. Uraian proses teknisnya akan terlalu bertele-tele kalau dibahas di sini. Kepada peminat, kami anjurkan supaya mencari di toko-toko buku mengenai uraian teknis foto pola Kirlian ini. Hasil-hasil yang tercapai memang sangat mengagumkan sekali dan dapat berfungsi sebagai bukti yang tak terbantahkan tentang adanya aura. Selanjutnya, kenyataan juga membuktikan bahwa aura masih dapat bertahan agak lama meskipun obyeknya sudah mati. Misalnya selembar

daun baru dipetik, masih sampai beberapa waktu akan dapat mempunyai aura yang berwarna cerah dan cemerlang jernih. Serlanjutnya, aura daun akan lambat-laun mengecil, menyuram, untuk akhirnya sirna. Kilner, dengan metode lapisan kaca berwarna, juga menyatakan bahwa gejala penampilan sama, akan terjadi pada manusia yang menjelang ajal.
Yang lebih menarik lagi ialah bahwa dengan metode foto Kirlian telah berhasil diungkapkan satu penampilan gejala yang aneh sekali. Ada kalanya, dengan mewujudkan sebagian saja obyek, misalnya selembar daun yang baru dipetik dan selanjutnya diambil sebagian saja untuk difoto dengan metode Kirlian, maka hasil fotonya masih tetap akan dapat memperlihatkan lembaran daun yang telah utuh! Baru setelah potongan daun itu layu, dan sekali lagi di ambil fotonya, maka hanya potongan itu juga masih tampak.

Jacobson, seorang ahli dari Swedia, juga menyatakan bahwa segala amcam amputasi memang tidak punya akibat pengaruh terhadap aura. Jadi, meskipun misalnya seorang telah mengalami amputasi pada salah sebuah anggota badannya, lalu dia difoto dengan metode Kirlian, maka fotonya tetap akan memperlihatkan satu badan utuh tanpa amputasi! Ini merupakan suatu bukti bahwa badan manusia tidak hanya memiliki satu bentuk saja, yang isebut badan wadag, tetapi masih ada ujud-ujud lainnya, demikian kata sementara orang ahli parapsikologi. Badan aura bisa jadi, merupakan sebagian dari badan astral yang ada kalnaya juga dapat terlihat, selama manusia masih hidup.
Kalau maut tiba, atau dengan istilah paranormal, dikatakan sebagai satu peristiwa pelayangan keluar badan astral dari badan wadag, maka auranya juga akan makin melemah dan akan sirna sama sekali, seiring dengan melayang keluarnya badan astral dari pembungkusnya.

Pada acara-acara penelitian yang telah dilakukan di Amerika Serikat telah terjadi gejala-gejala yang paradoksal, yakni: Orang-orang buta juga dapat melihat aura! Karena indra penglihatannya tak berfungsi, maka orang-orang buta jadi lebih peka, tanggap terhadap obyek obyek yang memancarkan energi. Pada acara-acara eksperimen yang dilakukan di kertas Buffalo, sejumlah orang buta dikenakan kewajiban sekedar melatih diri dalan hal-hal tertentu. Lalu kepada mereka diperlihatkan sejumlah foto. Demi kepekaan tanggap mereka yang tinggi terhadap obyek-obyek yang memancarkan energi, mereka dapat mengatakan ''apa dan siapa'' yang ada di foto-foto. Mereka juga berhasil memberitahukan hal detail tata ruang.

Tidak hanya sampai di situ saja. Beberapa di antaranya, bahwa dapat meraba adanya 'pemencaran sinar (energi)' dan yang paling peka tanggap, mampu meraba adanya warna.
Seorang guru wanita yang buta mata berceritera, bagaimana dia pada suatu malam terbangun dan 'melihat' seisi kamarnya diselubungi oleh 'suatu liputan cahaya keemas-emasan'. Dia berhasil pula melihat bentuk luar obyek-obyek yang ada di dalam kamarnya. Pada umumnya, orang-orang buta tadi melukiskan aura tubuh manusia sebagai suatu peliputan cahaya merah yang bergetar-getar.

Berdasar data acara-acara percobaan di Amerika, Peter Andreas mengembangkan suatu metode untuk melihat aura. Metodenya disebut psitest. Diperkirakan olehnya, bahwa dengan nama ini, metodenya akan dapat diterima sebagai suatu metode yang secara ilmiah dapat dipertanggungjawabkan. Dengan istilah PSI diartikan: seluruh luas ruang lingkup, di mana terdapat segala mcam gaya/kekuatan yang mampu membangkitkan gejala-gejala paranormal. Andreas selanjutnya mengemukakan rekomendasi sebagai berikut: Buat kamar jadi gelap. Atur supaya orang mencoba berdiri di depan latar belakang warna putih atau hitam. Jaga supaya jangan ada sinar lampu yang menyorot ke arah orang percobaan, maupun latar belakangnya. Kalau ada lampu, buatlah cahayanya supaya suram-sura,m saja. Jangan tujukan curah perhatian pada salah satu bagian badannya, tetapi konsentrasikan seluruh perhatian pada salah satu badannya.
Kalau ada lampu, buatlah cahanya supaya suram-suram saja. Jangan tujukan curah perhatian pada salah satu bagian badannya, tetapi konsentrasikan seluruh perhatian pada garis-garis luar ujud orangnya secara keseluruhan. Atau lebih tepat lagi, tujukan perhatian pada lokasi pemeunculan aura; jadi langsung dan mantap pada kerangka garis luar pertumbuhan.

Segala macam eksperimen parapsikologis, selalu menuntut curahan konsentrasi yang tinggi, demikian juga pada eksperimen ini. Apabila kelelahan, berhentilah dan mengasuh barang sejenak. Pada tahap pertama, mungkin tidak akan berhasil. Hal ini biasanya terjadi pada segala macam eksperimen yang dilakukan 'sendiri' tanpa bimbingan orang yang mengerti. Kalau sukses aura yang terlihat umumnya tidak akan memperlihatkan warna-warni yang cemerlang seperti yang terdapat pada foto-foto dengan metode Kirlian. Mungkin hanya berwarna putih saja. Metode Kilner bisa juga diterapkan di sini,

Sikap serius dan bersungguh-sungguh harus dipertahankan pada tiap-tiap eksperimen parapsikologis. Dan jangan sampai terpengaruh oleh daya kayal. Pada saatnya, aura pasti dapat terlihat, karena adanya aura telah terbkti secara ilmiah, meskipun pada dasarnya gejala keluarnya aura ini termasuk salah satu dari sedikit jumlah gejala paranormal yang diketahui manusia.

Bab 3
Spiritisme

Kata ini biasanya membangkitkan khayalan asosiasi orang, akan suatu peristiwa seperti berikut. Di dalam sebuah ruangan yang samar-samar gelap, dengan jendela-jendela yang tertutup tirai tebal, beberapa orang wanita tua yang hidupnya tersaing dari dunia luar dduk mengitari sebuah meja dan sedang mengadakan suatu *seance* (pertemuan untuk mencoba berhubungan dengan roh orang mati) untuk memanggil roh suami masing-masing. Atau, seorang wanita medium dengan jari jemari tangannya berhiaskan cincin-cincin bermata batu, sedang meneropong ke dalam sebuah gelas berisikan minuman anggur, yang katanya sedang menuliskan huruf-huruf yang akan menghasilkan nama dan lain-lain keterangan lagi, sementara mejanya menari tarian Menuet yang tidak wajar ... atau bisa juga terpapar pandangan seorang medium yang dalam kondisi *trance*, mendadak saja melontarkan kata-kata dalam bahasa yang tidak dimengerti, sementara dari mulutnya keluar sejenis cairan kental yang tembus pandang, yang pada gilirannya membentuk ujud-ujud yang mengerikan. Cairan itu di sebut *ectoplasma* yang takut sinar matahari. Dan di atas kepala si medium terbentuk selaput awan tipis yang lambat laun ternyata mirip dengan wajah dan profil orang yang telah lama mati dan pada saat itu, sengaja dipanggil kembali rohnya. Suatu getaran rasa takut akan melanda para hadirin dan membuat tiap orang terpaku di tempat.

Apakah gejala-gejala ini yang disebut Spiritisme ?

Tanhaeff, ahli parapsikologi Belanda, merumuskan spiritisme sebagai berikut: Seperitisme adalah suatu ajaran kepercayaan bahwa kepribadian manusia tetap hidup, setengah mati; dan bahwa orang orang mati, di dalam kondisi-kondisi tertentu akan dapat mengadakan hubungan lagi dengan orang-orang yang masih hidup di dunia.

Difinisi Tenhaeff, terlalu longgar, karena di dalam ruang lingkup ketentuan seperti itu, hampir semua jenis gejala penampilan paranormal, akan dapat diikutsertakan. Satu fakta yang tidak boleh kita abaikan. Disiplin parapsikologi, di dalam Tenhgaeef menjadi salah seorang ahlinya, oleh dunia ilmu pengetahuan pada umumnya masih lebih condong dianggap sebagai satu ilmu 'pengandaian' saja dan belum dapat digolongkan pada suatu ilmu pembeuktian, betapa pun banyaknya hasil-hasil yang sampai saat ini telah tercapai oleh disiplin itu. Ucapan Tenhaeff " ..... adalah suatu ajaran kepercayaan", berarti meniadakan dasar ilmiahnya. Dan kalau kita secara konsekuen mengikuti difinisi Tenhaeff di atas, maka dengan hati yang mantap kita akan dapat menyatkan, bahwa gejala-gejala kemampuan tembus pandang, telepati, bahkan juga mimpi, bisa dimasukkan ke dalam gejala-gejala spiritis. Lalu, bukanlah dengan serampangan saja, kita akan dapat mengatakan bahwa peristiwa mimpi adalah gejala terselenggaranya komunikasi antara yang telah mati dengan yang masih hidup. Dengan demikian, mimpi akan selalu bisa diartikan sebagai kisah-kisah dari alam sana, mengenai dunia sana. Ini segera saja kita tahu hal yang tak benar. Kalau memang demikian, lalu bagaimana jadinya dengan mimpi Van Eeden, mimpi Sylvan Muldoon, yang dikatakan lucid itu?

Untuk berbicara apa adanya, sampai dewasa ini, hal yang pasti dapat dilakukan oleh seorang ahli parapsikologi, ialah apakah di dalam satu atau lain gejala penampilan paranormal, telah terjadi penipuan atau tidak. Untuk hal-hal lainnya, ahli parapsikologi harus terlebih dulu berhati-hati dan tidak sembarangasn memberi perumusan yang pasti. Karena itu, tidaklah mengherankan bahwa disiplin ini langka sekali, dapat mengajukan bukti-bukti konkrit yang dapat mengiyakan atau menolak gejala-gejala penampilan spiritis.

Metologi Yunani kuno mengenal adanya Hudes, atau Neraka, di mana roh-roh orang yang telah meninggal mendapatkan hukuman mereka. Perlawatan Orpheus menuju ke Hades untuk mencari kekasihnya, Euridice, tidak lain adalah suatu perumpamaan bagi orang yang mencari hubungan dengan alam kelanggengan. Homerus, penyair agung Yunani Kuno, bukan jarang berkisah mengenai hubungan di antara yang hidup dan yang mati. Kitab Suci agama Kristen sangat jelas sikapnya terhadap masalah spiritisme. Bukti, kita temukan pada kisah ahli peramal wanita dari Endor.
Di dalam perjanjian Lama, kita baca bahwa ada suatu ketika Raja Saul ingin lebih dulu mengetahui bagaimana hasil pertempuran yang harus ia lakukan melawan orang-orang Filistin. Saul berkunjung kepada seorang

ahli ramal wanita yang terkenal ampuh, karena ia dapat mengundang roh orang yang sudah mati. Tetapi menurut perintah Tuhan, hal ini sama sekali tidak dibenarkan. Kitab Deutoronotium 18 menentukan: bahwa ''Siapa yang bertanya kepada orang-orang yang telah mati ... membangkitkan murka Tuhan.'' Sebaliknya secara logika, dengan adanya larangan tersebut, tentunya mengimplikasikan adanya kemungkinan untuk berbuat demikian! Kisah selanjutnya membuktikan terjadinya semacam *sence*. Kitab 1 Sameul 28 memberitahukan: Dan dia lalu berkata: ''Panggilkan aku Samuel.'' Samuel adalah bekas pembimbing Saul yang saat itu sudah mati. Kemudian kata wanita itu kepada Saul: ''Aku melihat sesuatu yang Illahi muncul dari dalam bumi''. Kemudian bertanyalah ia kepada perempuan itu: ''Bagaimana rupanya?'' Jawabnya: ''Ada seorang tua muncul berselubung jubah''. maka tahulah Saul bahwa itulah Samuel, lalu berlututlah ia dengan mukanya sampai ke tanah dan sujud menyembah. Sesudah itu, berbicaralah Samuel kepada Saul: ''Mengapa engkau mengganggu aku dengan Sesudah itu, berbicaralah Samuel kepada Saul: ''Mengapa engkau mengganggu aku dengan memanggil aku muncul?'' (1 Samuel 13:15).

Itu hanya satu dari sekian banyak contoh hal spiritisme, yang terdapat di Kitab Suci Agama Kristen. Dan kisah-kisah seperti itu bisa juga dijumpai di hampir semua karya ajaran religi di dunia.
Dan hampir selalu akan ada larangan atau pantangan terhadap hal itu, di samping terjangkitnya rasa takut. Takut kalau kemungkinan seperti itu memang ada. Takut, tetapi juga berbaur dengan rasa ingin tahu. Sudah jamak, bahwa hal yang mesterius dan ditabukan orang, sering justru menggelitik rasa ingin tahu. Ditambah lagi dengan simpang-siurnya kisah mengenai seance spiritis, sehingga tidak mau, makin menimbulkan rasa aneh dan ganjil yang sesungguhnya sama sekali tak perlu ada.

Bertolak belakang dengan kisah-kisah spiritisme yang berlebihan, bahkan nyaris membangkitkan kengerian, acara-acara *seance* spiritis masa kini sudah merupakan hal yang biasa-biasa saja. Semacam acara kebaktian atau pertemuan ceramah. Perkembangan ajaran spiritisme yang cukup semarak terjadi pada akhir tahun 20-an. Pertemuan-pertemuan massal sering diadakan di bangsal-bangsal umum. Pada masa itu, di Inggris saja terdapat kira-kira 3000 perhimpunan aliran spiritisme. Sampai sekarang pun masih ada, meskipun jumlahnya sudah merosot banyak. Mungkin termasuk di dalam salah satu sekte religius, mungkin juga tidak.

Meskipun kondisi dan keadaan sudah berubah jauh, tetap saja masih banyak sekali orang yang bersikeras berpegang terus pada gagasan lama mengenai seance, dengan atribut-atributnya yang cenderung membangkitkan rasa seram dan ngeri. Cara *seance* yang paling sederhana misalnya ialah cara 'memutar cangkir'. Di atas sebuah permukaan meja yang mulus disebarkan potongan-potongan huruf abjad. Biasanya berbentuk lingkaran. Ditambah lagi misalnya dengan potongan-potongan ungkapan yang berbunyi ya dan tidak. Di tengah lingkaran ditaruh sebuah cangkir kecil. Secara terbalik meletakkannya. Selanjutnya, setiap hadirin (atau dua atau tiga orang) meletakkan jari telunjuknya di atas cangkir. Ringan-ringan saja. Salah seorang kemudian mulai mengajukan pertanyaan. Misalnya saja: ''Apa ada roh yang ingin menyatakan diri?'' atau ''Apa barangkali ada roh salah seorang sanak dari hadirin yang ada, ingin menampilkan diri?'' Kalau berhasil, maka lewat sesaat, cangkir akan mulai bergerak, sekalipun setiap orang yang ikut menyentuhnya, sedikitpun tidak mengerahkan tenaga untuk mendorongnya. Tetapi pikiran bahwa tentu ada seorang di antaranya yang mendorong, pasti akan timbul juga. Hal ini tak perlu ada di antara kawan atau sahabat sendiri, sehingga gejala bergeraknya cangkir benar-benar terjadi di luar kesengajaan atau kesadaran. Gerakan akhirnya akan menuju ke sebuah huruf dan apabila berlangsung lancar, akan terus menerus bergerak ke arah huruf lainnya dan demikian selanjutnya, akan membentuk kata yang merupakan suatu jawaban bagi pertanyaan yang diajukan. Kalau yang terbentuk adalah susunan huruf yang tak masuk akal, misalnya saja serentetan huruf yang sama, maka perlu kiranya cangkir dikembalikan dulu ke tengah lingkaran, lalu mengulangi pertanyaannya.

Pola seance sejenis ini, bisa disebut papan *oui ja,* yang akan bergerak melewati huruf-huruf yang diperlukan sebagi pengganti cangkirnya. Untuk menjamin kelancaran gerakannya, di bawah papan ouiyanya dipasang roda-roda kecil. Yang dikenal dengan sebutan *planchette,* adalah suatu vaian eksperimen lain yang akan dapat dilakukan di rumah. Alat ini terbuat dari selembar papan berbentuk bujur telur yang digerakkan oleh dua buah rol di bawahnya. Pada alat Planchette, dipasang sebatang pensil dengan ujung tajamnya terletak di atas selembar kertas. Salah seorang peserta eksperimen menempatkan tangannya pada papan, yang kemudian akan disusul dengan prinsip sama yang berlaku pada pemutaran cangkir atau papan ouija. Planchettenya akan dapat bergerak secara otomatis dan karena gerakan pensil itu, akan menuliskan huruf, angka, tanda, gambaran yang bisa memberitakan sesuatu. Untuk meniadakan kemungkinan terjadina penipuan, si peserta di dalam *seance* ini dapat ditutup matanya dengan kain atau lain alat dan apa yang dituliskan secara otomatis tadi dicatat oleh seorang lain.

Prinsip dasar metode seance yang sederhana ini, ialah proses otomatisme. Diandaikan bahwa si peserta dibimbing langsung oleh roh yang menyatakan diri saat itu. Demikian hepotesa yang dikemukakan para pengikut aliran spiritisme. Metode penulisan otomatis sangat populer bagi para medium. Di dalam kondisi *trance* maupun tidak, medium akan dapat meletakkan dasar komunikasi dengan dunia roh. Benda-benda perantara seperti yang telah kami uraikan tadi, tidak selalu diperlukan. Si medium langsung saja memegang pensil dengan longgar-longgar di tangan dan menunggu saat pensil itu akan bergerak.

Suatu peristiwa klasik yang pernah terjadi ialah pristiwa Ny. Curran, seorang medium wanita dari Amerika. Pada sekitar perputaran abad ini, Ny. Curran aktif bergerak di dalam banyak kegiatan spiritis. Alat yang banyak digunakan ialah papan oui ja. Dalam waktu singkat namanya sudah cukup menjulang karena hasil-hasil prestasinya.

Suatu saat, roh wanita yang mengaku bernama Patience Worth memperkenalkan diri kepada Ny. Curran. Patience artinya Kesabaran, dan Worth berarti berharga atau ungkapan keseluruhannya akan berarti : tidak mengecewakan asal mau bersikap sabar. Roh itu mengatakan bahwa ia pernah hidup di dunia di abad ke-16 . Detail-detail masa hidupnya diungkapkan secara baik sekali, dan setelah dicek dengan teliti oleh beberapa sarjana sejarah, terbukti akurat. Itu belum semuanya. Patience memberitahu lebih jauh, bahwa dulu selama ia hidup ia bercita-cita menjadi seorang pengarang. Sayang, ia hanya berusia pendek, sehingga cita-citanya tak terlaksana. Pendidikannya hanya Sekolah Dasar saja. (tetapi pada hakekatnya, hal ini sama sekali tidak ada sangkut pautnya dengan cita-cita menjadi seorang penulis tadi. Lalu ia ingin Ny. Curran menuliskan hasil-hasil karyanya, berupa cerpen dan sajak. Terbukti kemudian, bahwa partisipasinya memang punya nilai sastra yang mengejutkan. Kelancaran hubungan yang terjadi di antara Ny. Curran dengan Patience Worth, memungkinkan Ny. Curran secara langsung tanpa bantuan alat lain kecuali pensil dan lembaran kertas, menyampaikan apa yang dikehendaki oleh roh Patience Worth. Cukup dengan cara pendengaran langsung saja.

Melalui carabegitu, atau tanpa papan ouija, berita-berita yang dituliskan ternyata bisa mencapai kecepatan 1.000 kata per menit. Hal ini dibuktikan melalui cara acara-acara pengukuran yang ilmiah. Cerita maupun sajak yang dihasilkan bukan saja bernilai secara yang serius, namun yang lebih sukar dimengerti ialah fakta bahwa bahasa yang hanya digunakan pada jaman sebelum abad ke-17! Diantaranya, ada sebuah sajak yang berjudul "TELKA". Setelah diteliti oleh beberapa orang ahli bahasa, terbukti bahwa tidak ada sepatah kata pun di dalam sajak itu yang digunakan lagi setelah abad ke-16; bahkan lebih hebat lagi. Bahasa Inggris sajak TELKA itu tidak pernah digunakan lagi sesudah abad ke-13.

Pada peristiwa penampilan roh Patience Worth ini, kita berkenalan dengan gejala yang disebut *xenoglosi*, atau kemampuan berbahasa bermacam-macam yang sama sekali tidak dikenal oleh si medium sendiri. Hal ini memang sering terjadi dan oleh si medium bahkan digunakan sebagai satu bukti kuat bahwa dia tidak *main kayu.* Di dalam peristiwa seperti itu, tidak akan ada kemungkinan untuk melakukan apa yang disebut sugesti diri sendiri. Hal ini banyak dibahas oleh para ahli parapsikologi maupun orang-orang lain yang merasa tertarik pada persoalannya. Contoh penampilan gejala *xenoglosis* yang sangat terkenal terdapat di dalam Kitab Injil Perjanjian Baru pada Kisah Para Rasul, antara lain sebagai berikut: "... Maka penuhlah mereka dengan Roh Kudus, lalu mereka mulai berkata-kata dalam bahasa-bahasa lain ......" (Kisah Para Rasul 2:4) Dan di bagian lain dari Kitab Suci pun terdapat banyak penampilan gejala xenoglosi ini. Sukar benar untuk dapat memastikan masalah ini, karena tidak jarang bathin di bawah sadar seseorang akan ikut berperan. Hal ini misalnya pernah terjadi pada seorang gadis medium wanita dari Amerika, Laura Edmonds. Dia terbukti mahir berbahasa sepuluh macam, antara lain Hungaria Spanyol, Yunani dan beberapa dialek suku bangsa Indian, kalau dalam keadaan *trance*. Setelah masalah ini diteliti dengan sempurna, terbukti bahwa dialek-dialek bahasa Indian didapatnya dari ayahnya yang lama bertempat tinggal di tempat-tempat penampungan orang-orang Indian, ketika gadis itu masih kecil. Bahasa Hungaria didapatnya dari seorang pelayan yang pernah bekerja di tempat tinggalnya, sedangkan bahasa Yunani, dari seorang pengunjung yang kerap kali bertamu. Meskipun ada dasar latar belakang yang mengarahkan, tetap harus diakui juga bahwa kemampuan berbahasanya cukup mengagumkan. Hanya saja pada nona Laura Edmonds, sumber kemampuan itu masih bisa dijelaskan dan ditelusuri secara logis, dan fakta ini di dalam disiplin parapsikologi, disebut *hypermnesi* atau kemampuan daya ingat yang supranormal.

Contoh menarik hal otomatisme, kita temukan pada diri Ny. Rosemary Brown, berita-berita yang diterimanya bukan dinyatakan dalam bentuk penulisan, tetapi didektekan padanya dalam bentuk

tanda-tanda nada dalam susunan komposisi musik. Dan bukan dari sembarang komponis yang telah almarhum, tetapi dari tokoh abadi dunia musik seperti: Beethoven, Liszt, Chopin, Brahms, Bach, Rachmaninoff, Debussy, dan Stravinsky! Hasil-hasil rekaman ''berita musik'' Ny. Brown dapat dinikmati setiap orang, karena telah dimainkan dan direkam. Bennett, seorang ahli dalam menilai komposisi - komposisi musik spiritual, pernah mengatakan: ''Hasil-hasil komposisi yang didektekan secara langsung tadi, jelas tak mungkin dilakukan oleh sembarang orang. Bahkan kalau orang telah melatih diri bertahun-tahun, akan musjkil sekali mendektekan komposisi-komposisi seperti itu secara langsung!'' Komponis-komponis mashur maupun musikolog musikolog terkenal merasa merasa terkejut dan terheran-heran kalau mereka berkesempatan mendengarkan gubahan-gubahan yang didektekan kepada Ny. Brown. Yang jelas, *auctor* intelektualisnya bukan Ny. Brown, karena wanita ini dapat dikata buta pendidikan formal musikologi. Di dalam biografinya, yang olehnya diberi judul ''Unfinished Shyponies'', Ny. Brown menulis sebagai berikut:
Dia teringat bahwa sejak masa kanak-kanaknya, dia memang sudah merasa akrab sekali dengan gejala-gejala paranormal. Dan sejak masa itulah roh-roh komponis sepanjang jaman telah berdatangan kepadanya dan mendektekan karya-karya baru spiritual. Agaknya gubahan-gubahan yang didektekan telah siap dan lengkap, karena acara pendekteannya juga berlangsung cepat sekali, mirip dengan peristiwa roh Patience Worth terhadap Ny. Curran. Yang jelas Ny. Brown tak mampu memainkan komposisi-komposisi itu, apalagi yang khusus digubah untuk orkes! Ny. Brown menyatakan bahwa tugas yang paling sukar yang pernah dihadapi ialah yang sekarang sedang berlangsung, yakni: bersama-sama dengan roh Ludwig Von Beethoven, menuliskan karya Shymponinya yang ke-10!

Bukan merupakan satu rahasia lagi bahwa acara-acara seance spiritis sering digunakan sebagai medan acara penipuan. Banyak kali terjadi bahwa peristiwa gejala penampilan paranormal yang pada awalnya dianggap asli dan benar-benar merupakan suatu gejala manifestasi dari roh-roh orang yang telah mati, setelah diteliti dengan saksama, terbukti, adalah suatu upaya penipuan belaka yang diatur secara amat rapi sekali.
Misalnya: Pada tahun 1848, keluarga Fox, yang bertempat tinggal di Hydesville, Amerika Serikat, terus-menerus terganggu oleh timbulnya suara-suara ketukan yang aneh dan tidak diketahui asal-usulnya. Hal ini selalu saja terjadi, kalau ketiga anak dara keluarga itu sedang berada di

rumah. Terbukti kemudian, bahwa suara nada ketukan itu membentuk tanda-tanda sandi tersendiri, seperti misalnya tanda-tanda sandi ciptaan Morse, hal mana dapat disampaikan berita-berita. Bersamaan waktu terjadinya gejala-gejala aneh lainnya yang mirip kegiatan *Poltergeist* (hantu gaduh), misalnya meja yang menari-nari, instrumen musik mendadak berbunyi sendiri, benda-benda tiba-tiba tanpa sebab beterbangan. Tetapi yang paling aneh dan paling menimbulkan kecurigaan, ialah bahwa gejala-gejala itu ikut juga ketika keluarga Fox pindah ke tempat lain. Orang-orang yang mengerti, mulai berfikir tentang kemungkinan adanya penipuan. Baru empat puluh tahun kemudian, yakni pada tahun 1888, salah seorang dari tiga gadis keluarga Fox, yakni Margaret Fox, mengaku bahwa semua hal yang pernah terjadi pada 40 tahun sebelumnya, adalah penipuan belaka. Menurut Margaret, bertiga dengan kedua saudaranya, dengan sengaja mereka membuat suara-suara ketukan. Caranya, dengan menekuk-nekuk jari-jemari tangan yang berhasil mereka laksanakan dengan gampang dan mahir sekali. Tujuan utamanya, ialah: publisitas. Yang kedua, ialah: uang. Kedua tujuan itu memang sepenuhnya berhasil dicapai. Ketiga orang anak dara keluarga Fox, selanjutnya sebagai medium profesional, menjadi amat populer dan menerima banyak undangan dan berhasil hidup berlimpahan. Meskipun Margaret Fox, sebagai salah seorang pemeran utamanya, telah mengakui bahwa apa yang terjadi adalah suatu penipuan belaka, gejala-gejala penampilan itu sendiri oleh banyak pengikut aliran spiritisme, tetap dianggap sebagai titik-tolak awal dari proses pemekaran pengembangan aliran ajaran itu.

Timbulnya kecurigaan pada orang tentang kemungkinan adanya penipuan pada satu atau lain acara seance spiritis, juga sebagian besar ditentukan oleh perilaku maupun kondisi, dimana para medium yang bersangkutan melakukan profesinya. Misalnya, persyaratan yang dikemukakan oleh si medium bahwa tempat berlangsungnya seance harus gelap, begitu gelap, sehingga orang sukar lagi membedakan bentuk maupun jenis obyek. Ini saja sudah mengundang kesangsian, kata para skeptisi. Apa hubungannya antara cuaca atau suasana gelap maupun terang dengan roh, sanggah golongan skeptisi. Tetapi, bagaimana pun juga, memang dapat dikemukakan beberapa dasar alasan yang cukup layak untuk menyelenggarakan acara-acara seance di dalam situasi dan kondisi yang agak suram-suram gelap. Mengapa?

Sejumlah medium apabila berada di dalam kondisi trance, akan dapat mengeluarkan sejenis cairan kental dari mulutnya yang disebut

ectoplasma. Cairan ini dapat membentuk diri dalam berbagai macam perwujudan. Ilmu parapsikologi juga mengenal adanya gejala penampilan seperti ini, yang terjadi pada psikokinesi.
Tidak sedikit upaya eksperimen telah dilaksanakan demi mengetahui apa sebenarnya ectoplasma. Pada akhir Perang Dunia I, seorang ahli psikologi bengsa Perancis yang bernama Geley, telah menyelenggarakan eksperimen-eksperimem yang intensif sekali bersama seorang medium wanita yang menyebut dirinya Ny. C. Nama aslinya ialah Martha Beraud. Mediun ini pertama dihipnotisir dulu, lalu didudukkan di sebuah kursi di belakang selembar tirai, di bagian gelap ruang eksperimen. Selanjutnya, sepasang tangannya dikeluarkan dari balik tirai, supaya bisa terlihat oleh semua hadirin. Sepasang tangannya dipegang erat, wajahnya pun dikeluarkan dari balik tirai, agar terlihat oleh hadirin juga. Beberapa saat sebelumnya, di balik tirai wanita medium itu, telah dilepas semua pakaiannya oleh seorang pembantu wanita dr. Geley, lalu ditukar dengan selembar pakaian lain supaya tidak dapat terjadi penipuan bentuk apa pun. Telah banyak terjadi penipuan menegnai masalah ectoplasma yang digantikan dengan sekedar *prop*, alat tukang sulap, yang terbuat dari lembaran kertas yang telah dibasahi air. Oleh si medium, prop ini disimpan di bawah ketiak atau di dalam mulut, yang setiap saat dapat di tarik keluar.

Tetapi Ny. Eva C, benar-benar mengeluarkan ectoplasma asli. Cairan yang keluar dari mulutnya, lubang hidungnya, jari-jemarinya, punting payudaranya dan dari ubun-ubunnya. Acapkali tampak sebagai segumpalan cairan kental yang agak besar, sifatnya elastis, atau juga bisa berbentuk sejenis jaring dengan utasan-utasan benang yang bisa merentang memanjang dan melintang, namun lekat liat dan basah. Bisa juga seperti menyebar di sekitar badan dan membentuk perwujudan aneka ragam. Gumpalan atau serpihan kecil, seperti kulit ari, bertebaran mirip pita-pita tipis kecil, kadang-kadang juga lebar.

Von Schrenck Notzing, seorang ahli fisika Jerman, telah berhasil mengawetkan sepotong kecil ectoplasma yang kemudian dianalisanya. Biasanya ectoplasma berwarna keputih-putihan atau kelabu semu. Secara fisiologis, sebagian besar terdiri dari zat putih darah dan sel-sel membentuk kulit. Von Schrenck Notzing juga berhasil memastikan satu fakta, yang sebenarnya telah jauh terlebuh dulu sudah diketahui oleh para medium sendiri, yakni, bahwa ectoplasma punya kecenderungan mengurai diri, kalau tersentuh sinar matahari. Ini satu dasar alasan utama, mengapa acara-acara seance lebih dikehendaki dilaksanakan di malam hari. Kalau ectoplasma tersengat sinar matahari, maka medium yang menghasilkannya serasa menderita suatu pukulan atau kekagetan mendadak. Pernah ada suatu peristiwa yang mengerikan, terjadi di Italia. Fihak kepolisian tiba-tiba saja mengadakan sergapan rasia pada satu acara seance, yang dilakukan pada siang hari. Sinar matahari yang melanda masuk menyengat ectoplasma yang sedang dihasilkan si medium. Seketika itu juga ia terjatuh di dalam satu kondisi koma, yang tidak lama kemudian membuat dia mati. Juga kalau tersentuh tangan, ectoplasma akan dapat membangkitkan rasa sakit atau kejutan pada diri si medium. Hal ini lebih memperkuat bukti bahwa ectoplasma sesungguhnya adalah sebagian dari tubuh si medium. Di dalam kondisi normal, ectoplasma akan lenyap dalam jangka waktu satu jam.

Hasil-hasil positif telah berhasil juga, dicapai pada acara-acara percobaan yang telah diselenggarakan oleh Sir William Crookes bersama dengan Daniel Home, pada akhir abad ke-19. Yang pertama ialah seorang ahli kimia Inggris, sedangkan yang kedua ialah seorang medium termashur dari Skotlandia. (lihat Bab 4). Home adalah salah seorang dari sedikit jumlah media yang terkenal jujur dan belum pernah tertangkap basah dalam satu atau lain eksperimen, yang pernah ia lakukan. Terbukti bahwa Home memang berhasil menciptakan gejala-gejala penampilan yang spektakuler, dalam ujud roh-roh yang dapat terlihat oleh para hadirin.

Sama spektakulernya, yaitu hasil penemuan Crookes, yang dapat membuktikan bahw gejala penampilan perwujudan, punya bobot! Jadi, Crookes telah berhasil menimbang bobot gejala perwujudan penampilan yang terjadi. Bobotnya rata-rata sepertiga dari bobot badan si medium. Sementara si medium selama terjadinya gejala penampilan perwujudan, juga kehilangan sebagian bobotnya, yang ada kalanya dapat mencapai sekitar 25 kilo.

Satu peristiwa gejala penampilan perwujudan yang menimbulkan banyak macam teka-teki ialah peristiwa materialisasi penampilan roh yang diciptkan oleh nona Frances Cook, seorang gadis Inggris yang baru berumur 15 tahun. Juga nona Cook, *kelinci percobaan* sir William Crookes. Penampilan materialisasi roh yang terjadi dikenal dengan penampilan roh Katie King, perwujudan roh seorang wanita yang berpakaian putih mulus. Dalam kondisi trance, nona Frances Cook telah berhasil memanggilnya. Procesnya mirip dengan yang terjadi pada diri Ny. Eva C, dengan gejala ectoplasmanya. Nona Cook dibiarkan sendirian berada di dalam kegelapan yang terpisah dari para hadirin.

Tentu saja kondisi ini telah membangkitkan banyak acara spekulasi yang mengarahj pada kemungkinan adanya acara penipuan. Lebih-lebih lagi, ketika hadirin dapat melihat bahwa penampilan perwujudan roh Katie King, pada keseluruhannya memang sangat mirip dengan kondisi pribadi nona Frances Cook. Dengan kata lain, banyak orang menaruh curiga bahwa yang disebut *gejala penampilan* sebenarnya adalah nona Cook sendiri yang dengan secepat kilat berganti pakaian, lalu tampil kembali sebagai perwujudan gejala materialisasinya. Tetapi Crookes pribadi yakin sepenuhnya akan kenyataan gejala perwujudan materialisasi itu. Ia pun bertekat bulat ingin membuktikan bahwa peristiwa penampilan roh melibatkan upaya dua sumber enerji, yakni si medium di satu pihak dan si roh di lain fihak. Crookes berpendapat bahwa bukti gagasan ini telah berhasil dibuktikannya pada peristiwa gejala penampilan perwujudan roh roh Katie King. Roh ini, pada suatu acara seance telah langsung memberitahu kepadanya, bahwa si medium Frances Cook, di balik tirai telah terjatuh di lantai. Crookes menulis: "Setelah King memberitahu, aku segera berjalan ke arah Florence, sementara King menyingkir untuk memberi kesempatan aku melewatinya. Di balik tirai, aku melihat tubuh Frances telah merosot turun dari sofa dan berada dalam posisi yang sama sekali tidak menyenangkan .... Dia berada di dalam kondisi trance yang lelap sekali. Saat di mana aku berhadapan dengan Katie, dengan pakaian putih mulusnya dan ketika aku menemukan serta mengangkat Florence, paling-paling hanya sekitar 3 sekon saja lamanya.

Bukti paling kuat, bahwa di dalam acara eksperimen ini tidak mungkin terjadi suatu acara penipuan, diberikan oleh seorang ahli elektro-teknik bernama Cromwell Varley. Dia telah memasang suatu alat pengontrolan dengan sistem pengadaan satu arus listrik yang mengelilingi tubuh si gadis medium, yang seketika juga akan melakukan acara pencatatan, apabila si medium bergarak dari posisinya. Sekali pun gejala penampilan roh sedang berlangsung, acara registrasi listrik yang disusun olehnya sama sekali tidak mencatat apa pun. Meskipun demikian, golongan skeptisi tetap saja menanamkan kesan bahwa kemungkinan besar, Crookes pribadi terlibat dalam satu acara penipuan. Kata mereka, Crookes punya hubungan intim dengan nona Cook, meskipun Frances sendiri pada sat itu baru berumur 15 tahun. Tetapi bukti-bukti kuat mendukung kenyataan bahwa Crookes adalah seorang ilmuwan yang jujur dan berprinsip tegas, maka agaknya terlalu dicari-cari apabila karena urusan cinta, Crookes rela mengorbankan reputasinya sebagai seorang ilmuwan yang konsekuen.

Gejala penampilan ectoplasma memang tidak sama dengan gejala materialisasi. Ectoplasma ialah suatu cairan kental atau materi yang konkrit, dapat diraba, dan merupakan satu bagian tak terpisahkan dari diri si medium; sementara suatu gejala materialisasi bisa sama sekali terlepas dari diri si medium. Tetapi bagaimana pun juga jauhnya, sifat dasar mereka satu dengan yang lainnya, anifestasi perwujudan penampilannya adalah sama, yakni terlihatnya wujud-wujud yang dapat dikenal oleh orang yang melihatnya.

Ectoplasma bergerak terus-menerus, cepat dan tanpa henti-hentinya membentuk wujud-wujud tertentu, kadang-kadang aneh tapi sering juga dapat dikenali sebagai organ-organ manusia, misalnya tangan, kepala dan lain-lainnya.

Geley menceritakan sebuah pengalamannya dengan medium Ny. Eva C: ''Saat itu, aku melihat ujung ectoplasma tiba-tiba saja menggumpal seperti kepalan yang kemudian membuka, merentangkan jari-jarinya. Perwujudan itu sangat mirip tangan manusia. Kusentuh materialisasi tangan ini. Wajar saja, aku dapat meraba adanya tulang dan kuku. Ada kalanya ectoplasma juga dapat menirukan materialisasi yang terlepas dari tubuh si medium''. Geley melanjutkan kisahnya: ''Mendadak muncul sebuah kepala manusia, kira-kira 75 cm di kanan atas si medium. Ukuran kepalanya normal, tetapi materialisasi wajahnya tidak sempurna dan seperti terselubungi oleh selapis selaput yang berwarna putih''.

Ilmu psikologi telah banyak meneliti masalah ectoplasma dan materialisasi, tetapi sampai dewasa ini, belum dapat memberi kepastian.

Di jaman ini, Leslie Flint, seorang medium bangsa Inggris dikenal sebagai seorang yang dapat menciptakan ectoplasma. Dan di Inggris, dia dikenal sebagai seorang medium yang dapat dipercaya. Reputasi Flint, terutama didasarkan pada kemampuannya untuk menyelenggarakan hubungan dengan dunia roh. Dia menerima berita-berita dari alam sana yang setelah dicek memang dinyatakan bisa dipercaya dan benar. Flint bekerjasama dengan satu roh pesuruh, atau roh perantara yang menyebut dirinya Mickey, roh anak kecil. Yang unik pada Flint, ialah bahwa dia bekerja dalam keadaan sepenuhnya sadar atau tanpa berada di dalam kondisi trance, dan mampu membuat suara-suara roh itu didengar para hadirin. Sampai pada satu batas tertentu, cara ini mirip dengan metode perekaman suara dari alam roh yang diterapkan oleh Konstantin Raudive, tentang siapa kami akan kembali lagi kelak (lihat bab 6). Dalam menciptakan gejala ini, Flint menggunakan ectoplasma yang diciptakannya. Diduga bahwa ectoplasma akan dapat memperkuat getaran-getaran yang diterima.

Pada tahun 1974, sebuah setasiun pemancar radio di negeri Belanda, NOS, telah bekerjasama dengan Flint, untuk suatu acara siaran tentang gejala-gejala paranormal. Untuk keperluan itu, sejumlah teknisi telah pergi ke Inggris, di antaranya ialah Jan Bomans, saudara dari Gotfried Bomans, seorang pengarang Belanda, yang telah meninggal dunia. Para teknisi itu punya niat untuk membuktikan, apakah Flint akan berhasil mengadakan hubungan dengan roh mendiang Gotfried Bomans. Dan Jan Bomans, sengaja diundang untuk mengecek kebenaran berita-berita yang nantinya mungkin akan dapat diterima. Rasa skeptis para pendengar segera saja membesar, ketika kepada mereka diberitahukan bahwa Flint bekerja di dalam ruang gelap. Bagi mereka yang mengerti, hal ini wajar, dan bagi para teknisi pengontrol, hal itu bukan merupakan suatu hambatan. Alat-alat pengontrolnya cukup mumpuni. Pada acara eksperimen dengan Flint, dilakukan pengambilan film dengan sinar infra-merah, di sekitar kepalanya dipasang kain sejenis voile untuk mencegah kemungkinan penggonaan prop; pada jakunnya dipasang beberapa alat pengeras suara, agar keahlian bicara dari perut (ventriloquism) tak dapat dilakukan. Juga kaki dan tangannya diikat.

Pada waktu seance dimulai, Flint memanggil roh pesuruhnya si Meickey. Antara keduanya, terjadi semacam percakapan. Seperti satu percakapan biasa saja, kadang-kadang bahkan juga terseling sedikit humor. Si medium kemudian menyuruh roh si Mickey melihat situasi di dunia roh dan mencari roh Godfried Bomans dan minta dia datang. Pada saat itu, ectoplasma telah keluar dari tubuh Flint, khususnya dari lubang-lubang tubuh dan bahu. Ectoplasma akhirnya membentuk wujud sebuah mikrofon. Lewat beberapa waktu, roh si Mickey kembali dan melaporkan bahwa roh Godfried Bomans tak dapat ikut, karena sedang berada dalam kondisi tegang. Tetapi roh adik perempuannya, yang juga telah meninggal, bisa ditemukan. Roh ini berpesan bahwa keadaannya baik-baik saja. Ini satu ungkapan stereotipe dari alam roh. Jarang sekali terdengar keluhan.

Sebuah berita sama sekali di luar dugaan, ialah mengenai anjing milik keluarga Bomans yang juga sudah mati. Dikatakan bahwa roh anjing ini kini telah berada bersama dengan majikan wanitanya. Untuk hal yang mengejutkan ini ilmu parapsikologi punya penjelasan yang bisa diterima dan kelak akan kita ketahui juga. Sikap skeptis para pendengar

tetap masih bertahan juga, tetapi selanjutnya akan mengalami satu kejutan yang lebih hebat lagi. Melalui roh si Mickey diungkapkan berita berita lain, yang kecuali Jan Bomans, yang masih hidup dan Godfried Bomans, yang sudah mendiang, takkan ada orang lain lagi yang bisa tahu. Misalnya mengenai sebuah arloji yang dulunya milik ayahanda berdua saudara itu. Dan tentang sebuah karya mendiang Godfried, yang belum diterbitkan. Kata Mickey, karya tulis itu masih tersimpan di laci meja tulis kamar kerja Godfried Bomans, di rumahnya, di kota Bloemmendaal. Karya itu, berbentuk sajak dengan judul "Salve Regina". Dan akhirnya karya tulis ini memang ditemukan. Pada saat itu, baru para pirsawan mau mengakui bahwa prestasi Flint cukup mengagumkan, dan meyakinkan. Hidup sesudah mati memang ada!
Sebelum pembaca mengambil kesimpulan, kami harap membaca terlebih dulu, keterangan penjelasan ilmu parapsikologi tentang hal ini.

Tidak semua acara seance akan berlangsung seperti contoh-contoh yang kami berikan di atas. Biasanya, kita akan kecewa jika kita mengadakan seance sendiri, karena terlalu sering tidak ada sedikit pun hasil yang tercapai. Tentu saja terdapat kekecualian.

Penulis teringat satu peristiwa yang kami hadiri sendiri. Pertemuan seance itu diselenggarakan oleh serombongan spiritas yang beraliran kristen. Diadakan pada suatu hari Minggu pagi, di suatu ruang pertemuan yang tidak seberapa besar. Mirip sebuah acara kebaktian biasa. Tiba-tiba saja, si medium, seorang wanita muda usia, menaruh tangannya pada lengan seorang wanita yang duduk di sebelahnya. Suami wanita itu belum lama meningal. Kata si medium: "Jangan takut! Aku melihat profil seorang pria di belakangmu. Tangannya terletak di bahu anda, sepasang matanya memandang dengan penuh kasih sayang padamu" Selanjutnya, si medium menjelaskan ciri-ciri roh yang dilihatnya. Terbukti bahwa profil yang digambarkannya sangat sesuai dengan keadaan suami wanita itu, ketika dia masih hidup.
Gejala-gejala penampilan seperti ini, cukup banyak terjadi. Tak perlu kita meragukannya. Yang jauh lebih penting, apakah kita dapat menjawab pertanyan-pertanyaan di bawah ini dengan lebih wajar. (a) Apa yang sesungguhnya dialami oleh si medium?; (b) Apakah ada penjelasan yang lebih wajar, kecuali yang dikatakan spiritisme?

Secara tradisional, usaha menemukan jawaban-jawaban seperti itu, adalah tugas utama ilmu parapsikologi. Kita telah mengetahui hal peristiwa kemampuan berbahasa banyak, Ny. Edmons, yang semula dianggap sebagai satu peristiwa spiritis, tetapi setelah diteliti dengan saksama, terbukti lain. Dan bisa diberikan penjelasan-penjelasan lebih wajar. Itulah gas utama parapsikologi. Sejarah perkembangan spiritisme dengan para mediumnya telah mengenal banyak ahli peneliti yang dalam meneliti peristiwa-peristiwa supranormal, tetap dengan gigih mempertahankan rasio dan pandangan realistis mereka, sekalipun mereka juga mungkin sangat mendambakan kelangsungan hidup sesudah mati. Dapat dikatakan semua orang, secara intuitif tentu mendambakan hal tersebut. Dan jangan lupa, bahwa di dalam lapangan ini memang terdapat banyak sekali peristiwa penipuan. Ini faktanya. hal ini terutama terjadi pada masa semaraknya perkembangan aliran spiritisme di akhir abad ke-19 dan awal abad ke-20!

Pemalsuan-pemalsuan yang amat menyakitkan hati, terlihat pada foto-foto roh8yang begitu luas beredar di masa itu. Gambar-gambar naif yang memperlihatkan seorang medium sedang di dalam kondisi trance, sementara satu atau lebih roh yang dipanggil sedang muncul di balik selaput awan tipis sambil tersenyum. Meskipun sudah kerap kali dibuktikan belang kepalsuannya, tetap saja foto-foto seperti itu laris terjual. Hal ini tentu saja memang diharapkan oleh si pembiat. Ada kalanya apa yang disebut penampilan roh itu, bahkan dilakukan oleh seorang sewaan!

The British Society for Physical Research, yang didirikan pada tahun 1882, telah dan masih tetap melakukan penyelidikan mengenai segala macam gejala supra normal. Salah seorang anggotanya yang sangat termashur ialah Harry Price. Dia adalah orang yang berulang kali berhasil menelanjangi pra penipu, bahkan juga Ny. Helen Duncan, yang pada masa itu adalah seorang medium wanita yang tenar. Materialisasi wujud tangan yang dikatakan berasal dari ecoplasmanya Ny. Duncan, ternyata hanya selembar sarung tangan karet biasa!
Tetapi bagaimanapun juga, Price harus mengakui pula, bahwa memang ada medium yang benar-benar mampu menciptakan gejala materialisasi, meskipun dia di bawah segala macam pengawasan ilmiah yang paling ketat. Yang mana memang tidak ada penjelasan yang normal. Hal ini, misalnya terjadi pada diri Rudi Schneider, seorang medium dari Austria. Alat pengontroln ilmiah apa pun yang telah dikenakan pada dirinya, tidak dapat mengganggu kemampuannya untuk menciptakan gejala materialisasinya.

Profesor Tenhaeff, ahli parapsikologi Belanda yang cukup tenar, di dalam karya besarnya yang berjudul "Spiritisme", memberi banyak contoh menarik tentang bagaimana cara penelitian disiplin parapsikologi mengenai spiritisme. Tenhaeff memang serius dan kritis. Dan sebagai seorang ilmuwan ia menitik beratkan pada validitas dan identifikasi permasalahan. Dengan kata lain, ia mencari kenyataan dan kepastian di dalam segala macam gejala penampilan.

Tenhaeff mengaji semua alternatif kemungkinan yang ada, misalnya, halusinasi, hipnosa, telepati sadar atau tidak sadar. Kemudian ia mengadakan pembedaan pada acara-acara seancenya sendiri dan datanya. Seance dimana yang hadir mengetahui datanya, tetapi si medium tidak tahu, atau sebagian dari yang hadir tahu. Pertemuan seance yang datanya tidak diketahui oleh siapa pun, hadirin maupun medium tidak tahu; pertemuan seance dengan gejala korespondensi silang, semacam varian dari penulisan otomatis. Kami akan mengemukakan satu contoh saja untuk masing-masing alternatifnya.

Pertama: Terjadi pada diri seorang medium Belanda, yang bernama N.R. pada tahun 1940. Di dalam satu seance ia menyatakan ada roh yang memanggil. Di bawah ini, menyusul beberapa ungkapan si medium, dengan di sampingnya komentar-komentar si peneliti:

Nama roh yang memanggil adalah Cornelis (...).	Ternyata mengenai Mr. Cornelis V. R.
Pada Catherina Lydia (seorang yang dikenal oleh Cornelis) ada keterangan tanggal 24 Agustus. Juga 21 April. Dan tahun-tahun 1906, 1913, dan 1934. Tahun-tahun itu (...).	Betul! Ny. R. berhari ulang tahun pada tgl. 21 April; tahun 1906 dia mendaftar diri sebagai siswa di Leiden Putra sulungnya lahir di tahun 1913. Tuan V.R. mati tahun 1934.
Pada seance berikutnya:	
Ada seorang yang bernama Mieg. Mieg, Michiel dan punya anak 13 orang.	Kakek buyut Ny. V.R. - De M, bernama Michiel dan memang punya anak 13 orang.

Ada sebuah fotonya dengan mengenakan kaos kaki panjang dan kaos tebal pada badan yang dikenakannya seperti mantel. Bercelana pendek. Di foto terdapat orang lain juga. Bersepatu tinggi warna coklat.	Selembar foto seperti itu memang ada pada Ny. V.R. sewaktu berolah raga, musim dingin.

Pada dua acara seance tadi, Ny. V.R. memang hadir.
Penjelasan Tenhaeff sesuai dengan teori animistis, atau pembacaan secara telepatis terhadap alam pikiran Ny. V.R., oleh medium.

Kedua: Data tidak diketahui oleh fihak medium maupun oleh penanya. Seorang wanita bernama Ny. Barker, berkunjung kepada seorang wanita medium yang masih muda usia, bernama Ny. Leonard. Ny. Barker mohon petunjuk tentang mendiang suaminya yang telah mati di Mesopotamia, dalam perang. Bagi Ny. Barker, yang penting ialah bagaimana cara suaminya menemui ajal. Medium memberi keterangan: ''Suaminya tidak langsung mati setelah terluka, tetapi baru tigaperempat jam kemudian. Dua lukanya, satu di dada, satu lagi di kerongkongan. Luka di dada yang mematikan ....''

Jelas bahwa Tenhaeff tidak berhasil memberi penjelasan yang memuaskan untuk peristiwa jenis kedua ini. Sama sekali tidak diberi interpretasi olehnya. Dia hanya memberitahukan bahwa ia tak mau gegabah memberi interpretasi yang animistis tentang ini. Bagi Tenhaeff, agaknya masalah gejala korespondensi silang lebih berhak untuk mendapat acara penjelasan yang bersifat spiritis.

Sir Oliver Lodge, seorng ahli fisika mashur yang merangkap sebagai parapsikolog amatir, merumuskan gejala penampilan dalam bentuk korespondensi silang sampai sebagai suatu proses komunikasi. Lodge menyatakan bahwa gejala itu bukan tercipta oleh seorang medium saja melalui apa yang disebut bantuan roh-roh pengontrol, namun justru sebaliknya, ialah kerjasama beberapa orang medium tanpa sadar yang dikontrol oleh satu roh saja, meskipun media tadi bekerja bebas dan mandiri antara satu dan lainnya, bahkan berbeda tempat lokasi dan sama sekali tidak saling kenal-mengenal. Berdasarkan kemungkinan ini, maka adanya roh pengontrol dapat diterima secara obyektif. Nama Fred Meyers, tidak lagi dapat dipisahkan dari acara penelitian mengenai penampilan gejala korespondensi silang-menyilang, suatu roh pengontrol - banyak media perantara. Meyers (1843-1901), adalah seorang ahli kebudayaan klasik dari Inggris, yang sepanjang hidupnya melibatkan diri dalam parapsikologi. Setelah dia mati, telah banyak dikerahkan upaya untuk menghubungi rohnya melaiui banyak medium, supaya dapat memastikan identitasnya. Antara lain melalui Ny. Piper, yang memang sangat terkenal pada bidang korespondensi silang-menyilang. Hal ini terjadi pada awal abad ini.

Mengenai hasil yang dicapai Piper, Tenhaeff berkenan mengatakan: "Hasil-hasilnya memperlihatkan begitu banyak pengetahuan yang amat mendalam, hal literatur klasik yang inteleknya spesifik Meyers, semasa hidupnya, sehingga tak bisa diragukan lagi, bahwa Ny. Piper memang mendapat bimbingan roh meyers, karena Ny. Piper sama sekali buta terhadap ilmu pengetahuan kebudayaan klasik". Keterangan Tenhaeff berikut ini, lebih tegas lagi: "Meskipun telah diusahakan sebisanya untuk memberi satu acara penjelasan animistik terhadap gejala penampilan korespondensi silang-menyilang, tetapi kami bisa sepenuhnya mengerti bahwa banyak juga ahli peneliti yang cenderung lebih memberi prioritas pada adanya hipotesa peran roh, pada masalah ini. Kami pribadi, dengans enang hati akan dapat mendukung pandangan ini."

Dewasa ini, lingkungan disiplin parapsikologi hanya dapat mengambil kesimpulan yang sangat hati-hati mengenai gejala-gejala yang disebut spiritis. Menurut mereka, hal itu masih terbuka bagi segala kemungkinan penjelasan. Dan sikap ini memang satu-satunya yang bisa diambil bagi orang yang berfikiran obyekltif dan ingin mengadakan cara pendekatan yang obyektif pula, terhadap permasalahannya. Di samping adanya begitu banyak cara penipuan di dalam lingkungan gejala spiritis ini, masih ada juga hepotesa yang layak harus dibahas dan dikaji dengan serius, yakni hepotesa yang berdasarkan konsep harapan adalah benih inti pemikiran (the wish is the father of thought). Bahwa hal seperti di atas bisa juga terjadi, memang sudah merupakan satu penampilan gejala lparanormal, tapi sama sekali bukan spiritis. Bagaimanapun juga, harus diakui bahwa gejala-gejala tertentu memenang menunjuk pada adanya kelangsungan hidup sesudah mati.

Kalau penjelasan ilmiah maupun hanya logis saja sudah mengalami jalan buntu, mengapa kita tetap bersikeras tidak mau menerima penjelasan yang mempertimbangkan adanya kelangsungan hidup setelah mati.

Satu contoh lagi yang begitu kuat menunjuk ke arah adanya kelangsungan hidup sesudah mati.

Kisah ini berkisar pada kehidupan petani di Amerika, yang mempunyai

sorang istri dan empat orang putra. Pada taggal 16 Nopember 1905, ayah ini menulis selembar surat wasiat, di mana ia menyatakan bahwa setelah sia meninggal maka seluruh hak miliknya diwariskan kepada putranya yang ke -3 seorang. Tetapi, beberapa waktu sesudah itu, si ayah ini menulis selembar surat wasiat lainnya, di mana ia menyatakan bahwa setelah ia mati, harta peninggalannya harus dibagi rata di antara istrinya dan keempat orang putranya. Testamen yang ke -2 ini, dilipatnya rapi-rapi, lalu dimasukkannya ke dalam Kitab Suci, di antara lembaran-lembarannya. Setelah itu, ia khusus menulis sepucuk surat mengenai surat wasiatnya yang ke-2, yang disimpannya di dalam salah satu saku, bagian dalam jasnya, lalu dijahitnya rapi. Ternyata, kemudian bahwa surat yang dijahit di dalamn saku dalam jasnya, si petani tak pernah berbicara dengan ke-3 siapa pun.
Pada tahun 1921, petani tua iotu meninggal. Pelaksanaan pembagian waridan tentu saja didasarkan pada surat wasiat yang pertama. Putra ketiga menerima semuanya.
Pada tahun 1925, empat tahun kemudian setelah ayahnya meninggal, putra ke-2 bermimpi berjumpa dengan mendiang ayahnya. Ayahnya memberitahukan kkepadanya mengenai surat testamen kain yang dijahitnya di dalam saju jas bagian dalam. Disaksikan oleh beberapa orang yang sama sekali tidak ada ikatan hubungan kekeluargaan, selanjutnya dilaksanakan upaya pencarian dan akhirnya surat mendiang ayahnya ditemukan. Dengan petunjuk surat itu, ditemukan pula surat wasiat yang diselipkan di antara halaman Kitab Suci.

Peristiwa ini selanjutnya tersebar luas dan menjadi amat terkenal. Di dalam rentetan peristiwa yang terjadi, jelas tidak ada kemungkinan sama sekali bagi unsur telepati atau pengaruh orang luar, pada pikiran Orang-orang yang bersangkutan, kecuali kalau yang mempengaruhi adalah roh ayahnya sendiri yang telah mati. Hanya almarhum saja yang mengetahui adanya surat testamen kedua maupun surat pesannya yang dijahitnya di dalam saku jas.

Bagi ahli-ahli parapsikologi hal di atas sudah bisa dijadikan bukti atau petunjuk akan adanya kelangsungan hidup sesudah mati. Tetapi, bukti ilmiahnya yang lebih konkrit tak bisa diberikan. Kalau kita bersikeras pada dasar alasan harus adanya pembuktian konkrit, maka '*spiritisme*' tetap akan manjadi masalah *kepercayaan* belaka.

Bab 4
Levitasi

Levitasi adalah suatu gejala penampilan yang erat sekali hubungannya dengan spiritisme dan psikokinesi. Penjelasan terbaik untuk ini ialah "mengambang di udara kosong, seakan-akan bertentangan dengan hukum gravitasi". Arti harfiahnya ialah kenaikan dari kata bahasa latin *elevare.*

Pada umumnya. sejak jaman dulu, gejala levitasi ini selalu diasosiasikan dengan ajaran -ajaran agama Timur. Khususnya dengan agama Hindu dan Tao. Gambaran dewa-dewa yang dapat mengambang atau terbang, fakir yang dapat berlevitasi, umum dekali terdapat.
Pada tahun 1980, para pirsawan TV melalui acara progama siaran AVRO, telah berkesempatan melihat apa yang disebut *levitasi.* Peragaan dilakukan oleh Maharesi Yogi, dengan para siswanya. Menurut mereka, levitasi adalah tingkat tertinggi ajaran meditasi. Di dalam ajaran banyak macam agama, maupun ceritera-ceritera religius, terdapat petunjuk maupun kisah tentang levitasi.

Banyak juga orang yang beranggapan bahwa kenaikan Yesus ke Surga adalah gejala levitasi. Kitab Injil sendiri tak banyak berbicara hal itu. "Sesudah Ia mengatakan demikian, terangkatlah Dia, disaksikan oleh mereka, dan awan menutup-Nya dari pandangan mereka." (Kisah para Rosul 1:9).
Di sini teks bahasa Latinnya menggunkan ungkapan *"elevatus est"* yang berarti *"terangkatlah Dia"*, sesuai dengan gambaran klsiknya mengenai peristiwa *"levitasi"*. Cara penjelasan yang sama, kiranya juga dapat diterapkan pada peristiwa lain di dalam Kitab Injil, yakni "... mereka melihat Yesus berjalan di atas air ......" (Yohanes 6:19). Agama-agama lain juga mengenal kisah-kisah orang suci yang dapat terbang. Di antara kisah-kisah yang kemudian menjadi ceritera nyata, yaitu rohaniwan Yusup dari Copertino. Rohaniwan abad ke-17 ini telah berulang kali mengalami levitasi semasa hidupnya, khususnya pada acara-acara misa

Suci di.gereja-gereja. Leibniz, ahli filsafat Jerman yang tenar, pernah menyaksikan peristiwa ini dengan mata kepalanya sendiri. Yang disebut Santa Agnes dan Catharina dari Siena, juga demikian. Bahkan tentang St. Agnes dikisahkan bahwa rahib wanita ini bisa sampai beberapa hari mati-suri. Juga Thomas Aquinas, dikatakan bahwa badannya ada kalanya bisa terangkat naik di udara kosong.
Kemudian menyusul kisah-kisah tentang ''wanita-wanita ahli sihir yang dapat terbang dengan tangkai sapu. Hal ini banyak ditemukan di Eropah.

Kemampuan berlevitasi bahkan pernah didemonstrasikan sebagai suatu acara khusus di depan Raja. Biarawan Dominikus pernah berlevitasi sampai beberapa meter di udara dihadapan Raja Philips II, dari Spanyol, Ratu mamupun seisi rumah tangga istana.

Satu anekdot yang menarik dari Kaisar Franz I dari Austria, Hungaria, suami dari Kaisarina Maria Theresia yang amat mashur. Pada suatu hari, dengan sengaja Kaisar Franz I menyuruh diadakannya demontrasi levitasi sebagai acara hiburan bagi tamu-tamunya. Di salah salah satu ruangan di Istana Wina, Kaisar memerintahkan supaya menurunkan sebuah hiasan langit-langit. Sebagai gantinya diperintahkan memasang sekantong uang mas. Tujuannya adalah akan meruh Schindler, seorang yang dikenal memiliki kemampuan paranormal untuk berlevitasi, mengambilnya, dengan melayangkan dirinya ke atas langit-langit. Kisah dilanjutkan dengan upaya Schindler, untuk masuk ke dalam kondisi trance dan selanjutnya dengan pelan-pelan melayangkan diri ke atas, seakan-akan didukung oleh sepasang sayap yang tak tampak. Tiba di atas, ia meraih kantong uang, sesudah itu beberapa saat ia berbaring di udara, seakan-akan kelelahan dan perlu mempersiapkan diri turun ke bawah.

Sangat logis kalau kita memisahkan penampilan gejala levitasi ini dalam dua kategori. Pertama, Levitasi, tubuh orang secara sadar ataupun tak sadar. Kedua, Levitasi atau pemindahan benda-benda. Tentang pemindahan benda di bagian yang lalu, telah kami singgung. Dan kita pun mengetahui bahwa perumusan pihak ilmu parapsikologi untuk gejala-gejala seperti itu, masih sangat hati-hati dan longgar sekali, sementara tentang gejala levitasi pada orang bahkan sama sekali tidak pernah disinggung. Sikap ini juga terdapat pada disiplin ilmu-ilmu pengetahuan lainnya.
Alasannya cukup sederhana saja: Karena gejala-gejala jenis ini belum pernah dikonstatir dengan seksama oleh ilmu pengetahuan. Apalagi di kontrol! Secara pribadi memang ada juga ilmuwan yang mengakui,

pernah melihat penampilan gejala levitasi dengan mata kepala sendiri. Tetapai kesaksian perorangan berdasarkan pengamatan indra penglihatan, tak mungkin dapat diterima sebagai suatu acara pembuktian yang ilmiah obyektif, karena pancaindra manusia tidak dapat mutlak diandalkan sebagai pengamat yang 100% obyektif. Khususnya kalau yang bersangkutan dengan permasalahan gejala penampilan yang bersifat *paranormal.*

Sebagai suatu ilustrasi yang baik, dapat kami kemukakan satu peristiwa yang telah dialami oleh medium Inggris termashur, Daniel Douglas Home dan Sir William Crookes, seorang ahli kimia Inggris yang terpandang. Pada pertengahan abad lalu, Home memang tenar sekali sebagai seorang medium yang bisa dipercaya sepenuhnya. Tidak hanya di negaranya sendiri, namun juga sampai di luar wilayah kerajaan Inggris.

Di negeri Belanda, misalnya ia pernah diundang oleh seorang pangeran putri dari Wangsa Oranya, yakni Putri Sophie, untuk mengadakan acara seance, di istana Huisten Bosch, di dekat Den Haag. Di dalam acara seance itu, dan di hadapan para hadirin, termasuk Putri Sophie, Home dengan mantap menyatakan bahwa mendiang putra Sophie yang bernama Maurits yang belum lama meninggal, masih tetap berada di sekitar. Sophie benar-benar terkesan, dan sebagai pernyataan rasa syukurnya, ia menghadiahkan sebuah cincin bertatahan batu nilakandi dan berlian, disertai sepucuk surat singkat yang berbunyi:

''Dengan penuh rasa syukur, aku akan selalu mengenang acara seance yang diadakan bersama dengan Tuan Home-Sophie''

Home memang sangat yakin akan dirinya, dalam percakapan-percakapan yang ia lakukan terhadap orang lain. Yakin sekali akan kemampuan paranormal yang dimilikinya. Sebaliknya, masyarakat tidak selalu yakin akan kemampuan Home. Ada kalanya, masyarakat bersikap skeptis terhadap hasil prestasi Home. Misalnya dalam masalah gejala penampilan levitasi. Tetapi dengan dukungan sir William Crookes, yang ilmuwan terpandang, reputasi Home tetap tak tergoyahkan. Dan memang Crookes telah berulang kali mengadakan bermacam-macam eksperimen dengan Home, yang berhasil membuat ilmuwan ini yakin bahwa manusia, atau setidaknya manusia yang bernama Home, benar memiliki sumber potensi daya psikis yang telah dikenal secara umum. Pada tahun 1868, Home menyatakan di hadapan beberapa orang sahabatnya, yang kebetulan sedang berkumpul di lantai tiga rumah Home, bahwa ia mampu berlevitasi. Tentu para sahabat bersikap skiptis. Home segera menuju ke lantai bawah, tidak lama kemudian, menampakkan diri secara mengambang di jendela lantai ketiga, bahkan sempat juga melongok ke dalam kamar. Crookes, meskipun tidak hadir secara pribadi pada peristiwa itu, yakin bahwa Home memang mampu berbuat demikian. Sudah barang tentu, ucapan Crookes menambah kepercayaan orang.

Tetapi orang banyak tetap ada yang meragukan kemampuan Home yang satu ini. Mereka tahu benar, bahwa Home punya potensi hebat untuk berhipnotis. Bukan sekali dua kali, dia telah menerapkan kemampuan itu terhadap para sahabatnya. Juga pada mereka yang hadir pada peristiwa gejala penampilan levitasinya.

Dan pada akhir hayatnya, Home mengatakan hal-hal yang mengarahkan pikiran pada kemungkinan yang besar sekali, bahwa dalam profesinya sebagai medium pada masa jayanya, Home telah banyak kali menerapkan hipnosa terhadap para hadirin. Maka akan lebih dekat dengan kenyataan kiranya, kalau kita menarik satu kesimpulan, bahwa peristiwa levitasi yang asli dan murni, tetapi adalah satu peristiwa gejala massa hipnosa.

Satu tambahan illustrasi yang indentik pernah terjadi juga di kota Bombay, seusai Perang Dunia II. Sebuah kapal penumpang Belanda kebetulan singgah di Bombay, yang pada saat itu memang disediakan sebagai pelabuhan persinggahan bagi kapal-kapal yang menuju ke Eropah. Di Bombay, penumpang berkesempatan untuk mendarat beberapa jam.

Sudah tentu tiap penumpang tidak menyia-nyiakan peluang itu. Hampir semua serentak turun ke darat secara berbarengan. Tetapi ada seorang yang terlambat turun. Ketika ia menuruni papan perantara, ia melihat di dermaga para penumpangan lainnya sedang berkerumun melihat sesuatu. Ternyata mereka sedang memandang ke arah menara sebuah mesjid dan dihadapan mereka berdiri seorang India yang sedang sibuk menggerak-gerakkan tangan sambil terus-menerus berbicara. Penumpang yang terlambat, kemudian bertanya kepada seorang rekan penumpang yang telah mendahuluinya dan ikut berkerumun di dermaga. Yang ditanya dengan wajah heran sekali, sementara jarinya menunjuk ke arah masjid berkata: ''Apakah anda tidak melihat orang yang melayang di udara itu?'' Tetapi bagi si penumpang yang datang belakangan tidak ada suatu apapun yang dapat dilihat! Pada hakekatnya Pada hakekatnya memang tidak ada apa pun di sana. Gejala penampilan ''orang yang sedang melayang di udara kosong'' adalah contoh yang baik sekali mengenai terjadinya suatu halusinasi massal. Hanya orang yang datang terlambat tadi terkena pengaruhnya.

Peristiwa ini tidak banyak berbeda dengan contoh yang maha terkenal tentang fakir (ahli sihir) yang di hadapan orang , bisa menampilkan adegan anak kecil memanjat tali yang dengan bebas berdiri tegak lurus di udara kosong. Adegan itu semata-mata halusinasi massal.

Gejala levitasi yang terjadi dalam keadaan tanpa sadar jarang sekali terjadi. Dalam kondisi seperti itu, yang bersangkutan pada umumnya akan tercekam rasa panik yang sangat hebat, karena tidak bisa menyelami keadaannya. Sumber daya yang membuat dia melayang-layang tidak diketahui dari mana asal usulnya.

Pada umumnya, kisah-kisah levitasi benda punya hubungan erat dengan kegiatan yang diatributkan kepada Poltergeist. Satu kisah yang dikenal baik ialah peristiwa yang pernah terjadi di dalam rumah tangga keluarga Skerman, seorang janda dengan 6 orang anak. Pada tahun 1962, keluarga ini menempati sebuah rumah baru di kota Leeds, di Inggris. Begitu menempati rumah itu, segera saja mereka diganggu oleh Poltergeist. Benda-benda di dalam rumah, terus menerus melayang-layang berpindah tempat. Pintu-pintu membuka menutup semaunya tanpa diketahui siapa yang melakukannya. Suara langkah-langkah kaki yang mendetak-detak, setiap saat terdengar berlalu-lalang di gang. Suatu malam, janda itu mendengar suara gaduh di kamar tidur putranya yang masih kecil. Sesampainya di kamar putranya, ia melihat anak-anak gadisnya sedang berdiri terpaku dengan wajah ketakutan mengelilingi tempat tidur adik laki-laki mereka. Sedang anak laki-lakinya, sedang berada dalam keadaan mengambang di udara kosong, sampai beberapa meter tingginya. Wajah anak itu melukiskan rasa ngeri yang hebat sekali. Akhirnya anak itu berhasil ditarik turun. Selama beberapa waktu, ia harus dirawat dokter, karena menderita shock.

Betapapun mempesonanya, kisah yang berkenaan dengan gejala penampilan levitasi, gejala penampilannya yang berkaitan dengan orang, belum pernah didokumentasikan secara ilmiah. Sejengkal film pun belum pernah ada, yang mana proses berlangsungnya gejala penampilan levitasi behasil direkam. Tetapi sebaliknya, banyak sekali foto yang meragukan beredar luas di mana-mana. Dibuat secara awut awutan tanpa sedikitpun pengontrolan. Lain halnya dengan masalah yang bertautan dengan gejala penampilan levitasi obyek, yang pada umumnya selalu ada hubungannya dengan penampilan gejala psikokinesi.
(lihat Bab 5). Peringatan ini tentunya meliputi juga gejala benda yang tiba-tiba melayang-layang di udara kosong. Di samping banyak terjadinya penipuan, masih ada satu faktor yang seyogyanya

diperhatikan dengan seksama. Pada banyak penampilan gejala levitasi benda yang bukan penipuan, di mana digunakan alat-alat pengontrol elektronis secara laboratoris, berhasil pula dibuktikan mengenai hadirnya suatu sumber energi yang menamakan pengaruhnya yang bersifat tarikan ke atas, pada benda dan bukan seperti terjadi pada peristiwa penipuan yang menerapkan daya tekan dari bawah untuk membuat benda tersanggah naik, entah hal itu dilakukan dengan lutut, tangan atau peralatan lainnya. Hal ini jelas membuktikan adanya wujud-wujud sumber energi, yang meskipun tidak berhasil diketahui dari mana asal-usulnya, tetap harus diakui kehadirannya. Mungkin sumber energi tadi terletak pada diri si medium sendiri, seperti terjadi pada ectoplasma yang dapat memperkuat getaran suara, ingat kisah Flint dan rohnya Bomans, dan dalam gejala penampilan levitasi mungkin bertindak sebagai perpanjangan anggota badan si medium. (Lihat Bab 5).

Sayang sekali dalam uraian penjelasan di atas dapat berlaku bagi gejala penampilan levitasi yang bersangkutan dengan orang. Musykil sekali kiranya, kalau kita beranggapan bahwa gejala levitasi tak sadar yang terjadi pada seorang diakibatkan oleh pengaruh energi yang tidak dikenal di dalam dirinya sendiri, yang pada saat-saat tertentu juga bisa mengakibatkan terjadinya kegiatan bersifat Poltergeist. Pemerkosaan yang terjadi atau kewajaran logika di dalam usaha orang untuk menyatupadukan dua sumber gaya, yang begitu bertolak belakang hasil prestasinya, takkan dapat diterima secara wajar. Bahwa telah terjadi beberapa peristiwa di mana seseorang yang berada di dalam kondisi sadar sepenuhnya, berhasil melevitasikan dirinya dengan disaksikan oleh banyak orang, masalah dasar yang ada di baliknya mungkin akan lebih mudah diterangkan secara normal daripada dengan cara yang paranormal.

Menghadapi permasalahan seperti itu, pertama-tama kita harus ingat akan adanya kemungkinan terjadinya hipnosa atau massa halusinasi. Juga jangan mengabaikan kemungkinan terjadinya suatu cara penipuan yang amat cerdik. Contoh yang amat bagus, kita temukan pada pertunjukan yang dihidangkan oleh ahli sulap David Berglas. David bisa membuat sejumlah orang merasa dan tampak terangkat puluhan centimeter dari atas dipan. Berglas seorang ahli hipnotis yang sangat mahir, tidak merasa was-was untuk berhadapan dengan banyak orang atau penonton. Dengan penjelasan ini, kami bukan bermaksud merupakan reputasinya, tetapi hanya ingin sekedar menyatakan bahwa apa yang dilakukannya, sama sekali tidak ada ikatan hubungannya dengan gejala penampilan levitasi yang asli. Hal ini juga berlaku bagi kemampuan yang diperlihatkan oleh Uri Geller, pemuda Yahudi, yang namanya terkenal di seluruh dunia. Uri pernah mempertontonkan kemahirannya di hadapan para pirsawan televisi di negeri Belanda, di mana dia berhasil membuat seorang dewasa terangkat naik, cukup dengan minta bantuan orang lainnya, yang sekedar meletakkan jari-jemari masing-masing pada lutut dan di bawah lubang ketiak orang percobaan tadi. Juga dalam peristiwa ini, sama sekali tidak terdapat penampilan gejala levitasi murni (meskipun apa yang terlihat mungkin banyak menyamai gejala levitasi yang sesungguhnya). Apa yang telah terjadi, ialah kemahiran unggul untuk menguasai sistem kerja perototan. Selama masalah levitasi ini belum dapat diurai, ditest dan dibuktikan dengan mumpuni, maka masalah levitasi tetap hanya akan merupakan satu khayalan manusia yang ingin terbang tanpa sayap saja.

Bab 5

Telepati dan Psikokinesi

Spiritisme cara penjelasannya berbeda-beda, khususnya dari mereka yang menjadi pengikut setia ajaran spiritisme dan mereka yang percaya pada spiritisme, tetapi tidak mengikuti ajaran trasionalnya. Spiritisme beranjak dari pemikiran bahwa gejala-gejala manifestasi suara-suara paranormal, penampilan roh, levitasi, korespondensi silang menyilang, dengan perantara media dibangkitkan oleh energi-energi yang tidak dikenal tetapi berada di dalam diri manusia sendiri. Untuk mendukung hipotesa ini, mereka menunjuk pada hasil-hasil eksperimen yang telah banyak dilaksanakan di bawah pengontrolan ilmiah yang ketat dan terbukti bahwa sejumlah kecil orang memang punya kemampuan untuk membaca pikiran orang lain (telepati); juga ada yang mampu mempengaruhi materi dengan kekuatan bathin, lalu menggerakkan dan memindahkannya (psikokinesi atau telekinesi); mampu menembus pandang ke masa lalu maupun ke depan (psikometri dan proskopi). Khususnya bagi disiplin parapsikologi, hipotesa di atas pasti akan mempertahankan dengan konsekuen. Bagi konsistensi keilmuan dasar, hipotesa memang lebih wajar dibanding hepotesa yang bertolak pada dasar post-mortale (masalah di balik kematian), di mana hal adanya hidup sesudah mati akan menjadi pusat atau fokus utamanya, bahkan dijadikan dasar bakunya.

Sebenarnya, adanya pemilihan seperti itu sudah menggambarkan terjadinya subyektivisme. Pada hakekatnya, dengan demikian orang sudah menyatakan keinginannya untuk menitikberatkan pada upaya pencarian penjelasan yang bisa sesuai dengan pola pemikiran orang, selaras dengan kemampuan daya khayal orang yang berkiblat pada realisme, pada norma dan nilai validitas konsep pemikiran yang berlaku sekarang, bisa jadi pada saatnya dengan meninggalkan sifat ilmiahnya.

Adanya hidup sesudah mati atau lebih naik setingkat lagi, ialah adanya hidup sesudah mati yang mampu memanifestasikan diri pada kita yang masih hidup, bisa nyaris dianggap sebagai gejala bualan orang sinting belaka, di dalam konsep pemikiran abad ke-20 yang demikian rasional. Karenanya, pasti akan jauh lebih menenangkan keadaan, apabila untuk gejala-gejala paranormal bisa ditemukan cara-cara penyelesaian yang berdasar rasio dan konkretisasi fakta. Telepati dan psikokinesi telah terbukti ada secara ilmiah, tetapi apakah mereka akan dapat memberi cara-cara penyelesaian yang tuntas mengenai segala macam gejala-gejala paranormal yang ada. Dengan mengemukakan hipotesa bahwa gejala ini atau gejala itu selayaknya harus dicari sebab-musabab asalnya pada telepati, maka secara penjelasan tersebut belum bisa dikatakan tuntas atau selesai. Ketidakpastian seperti ini mengingatkan kita pada kejamakan terjadinya penggunaan maupun salah penggunaan kata kebetulan. Karena cara ini akan menentukan juga sikap kita, apabila berhadapan dengan sesuatu yang tidak selaras atau melebar dari yang biasanya terjadi secara rutin, maka segera saja, sat ini timbul kecenderungan untuk menyebut peristiwanya sebagai suatu kebetulan. Dengan demikian, kita seakan-akan telah menempelkan satu label yang berfungsi sebagai suatu penutup persoalan dan membutuhkan upaya untuk mencari jawaban yang lebih tuntas. ''Ah, itu hanya kebetulan saja'', kata kita, dan segera saja melangkah lebih lanjut tanpa banyak beban pikiran lagi, tetapi juga tanpa mengerti dengan benar, apa sebenarnya yang kita maksud dengan kebetulan tadi, atau bagaimana gejala peristiwa seperti itu bisa timbul dan apa yang sebenarnya tersembunyi di balik faktor kebetulan itu. Perkiraan, jadi bukan suatu keyakinan yang membuat kita beranggapan bahwa gejala-gejala paranormal tertentu timbul karena peran aktif kekuatan-kekuatan psikometri dan proskopi ataupun telepati, akan jadi sama spekulatifnya dengan penjelasan-penjelasan spiritis yang tersedia untuk gejala-gejala yang sama.

Dalam peristiwa Leslie Flint memanggil roh Godfried Bomans, penjelasan spiritisnya jelas tersedia. Kontak antara medium dengan roh Godfried, melalui roh pesuruh yang dikenal dengan nama sebutan Mickey. Bukti-bukti apa yang dapat dikemukakan selanjutnya? Terdengarnya suara-suara yang bukan milik para hadirin, sedangkan kemungkinan penipuan dengan kemampuan ventriloquisme telah tertutup. Berita-berita yang disampaikan, kalau tidak sama sekali asing bagi hadirin , juga sudah lama terlupakan. Jan Bomans sama sekali tidak tahu-menahu mengenai sajak kakaknya yang belum pernah diterbitkan, dia pun mengingkari hal arloji, karena dia memang tidak menyukai arloji. Ectoplasma yang dihasilkan oleh Flint, memang merupakan satu gejala yang cukup mengherankan, namun hal ini tidak ada hubungan langsung dengan masalah adanya hidup sesudah mati.

Lalu, apakah kiranya masih ada cara penjelasan lain yang dapat dikemukakan, untuk persoalan ini? Sementara, ahli parapsikologi tentu akan mengiyakannya. Kemungkinan proses analisanya ialah sebagai berikut:

Flint adalah seorang yang sangat berbakat dalam hal-hal paranormal. Dia berhasil memadukan bakat telepatisnya dengan bakat psikokinetisnya, kecuali itu, dia juga punya kemampuan tembus pandang. Suara-suara yang sempat didengar oleh para hadirin, secara sadar atau tidak sadar, diciptakan oleh Flint sendiri. Bagaimana caranya, kita tidak tahu. Tetapi kemungkinan besar, di dalam hal ini ada keikutsertaan daya psikokinesi atau dengan kata lain, kemampuan batinnya dapat menguasai materi. Flint juga mampu menciptakan getaran-getaran di udara, yang selanjutnya berfungsi sebagai pedoman petunjuk bagi batin di bawah sadarnya.

Ini satu penjelasan lain lagi:

Flint mampu membangkitkan halusinasi; yang tampak (ectoplasma) maupun yang terdengar. Tetapi interpretasi seperti ini agaknya terlalu dicari-cari. Pada peristiwa ini, ectoplasma yang dihasilkan, difilmkan dengan sinar infra-merah dan difoto. Kalau gejala penampilan tiu hanya halusinasi belaka, pasti keduanya takkan mampu merekamnya. Khayalan fikiran bagaimana, bisa dicetak di atas film atau dijadikan foto? Tetapi, bagaimana penjelasan mengenai berita-berita? Pesan hal arloji bisa dilakukan secara telepatis. Ini mungkin akan dikatakan oleh salah seorang peneliti. Jelas, Flint mampu membaca pikiran Jan Boman, yang sekarang ada maupun yang di masa lalu, atau yang telah mengendap ke dalam batin bawah sadarnya. Jadi dengan demikian, Flint menggali keluar kenangan Jan Bomans, dan menginterpretasikannya melalui getaran yang telah diciptakannya sendiri dan memanifestasikan diri dalam bentuk ucapan-ucapan yang dikatakan dilakukan oleh satu roh pengontrol yang disebutnya Mickey.

Bagaimana penjelasan mengenai sajak yang tidak dikenal yang berjudul ''Salve Regina''? Dapat dikemukakan hipotesa sebagai berikut:

Flint berkemampuan psikometris. Dapat diperkirakan bahwa pada seance itu, ia berkonsentrasi diri secara psikometris terhadap tokoh Godfried Bomans, yang melalui pikiran Jan Bomans telah dapat dikenalnya. Tak dapat disangkal, bahwa sementara seance berlangsung, tentu Jan juga berfikir mengenai kakaknya, Godfried. Lagi pula, Flint dengan bakat psikometrisnya, telah dapat melihat kembali keadaan Godfried di masa lampau, yang sedang sibuk mengarang sajak ''Salve Regina'', pada meja tulisnya. dan juga berhasil melihat bahwa sajak itu tak pernah diterbitkan dan terlupa, terletak di dalam laci bagian bawah. Apakah uraian di atas bukan merupakan satu penjelasan yang terlalu dicari-cari? Apakah lebih dicari-cari, daripada penjelasan yang mengatakan bahwa yang memberitahu Flint adalah rohnya Godfried Bomans?

Semua orang tentu pernah mengalami bahwa pada saat yang bersamaan dua orang, berfikir mengenai hal yang sama juga. Atau tiba-tiba dua orang secara serentak menyanyikan satu lagu yang sama atau berbicara mengenai orang ketiga yang pada sat itu tidak berada di tempat. Bisa juga pada saat anda ingin menilpon seseorang, tilpon berdering. Anda angkat pesawatnya dan menjawab. Kebetulan yang berbicara ialah orang yang justru ingin anda tilpon. Selalu saja kita akan berucap kata kebetulan, untuk peristiwa-peristiwa seperti itu, tanpa bertanya lebih jauh tentang apa sebenarnya yang ada di balik semua kebetulan itu.

Pada sekitar tahun 1930, J.B. Rhine, seorang ahli parapsikologi Amerika yang termashur, mulai melakukan percobaan-percobaan mengenai masalah yang secara umum disebut kebetulan. Apa yang betul-betul kebetulan, dan apa yang bukan. Rhine, bertolak dengan dua dasar hipotesa tentang telepati yakni: satu, proses penyaluran, mempengaruhi dan membaca pikiran orang, dan dua, proses pengiriman dan peenrimaan pikiran. Pada pola yang pertama, orang yang dibaca pikirannya tidak akan tahu, dan pada yang kedua, orang berusaha mengirimkan berita pemikirannya kepada orang lain. Kalau pada peristiwa Flint dengan Bomans memang telah terjadi sejenis proses telepatis, jelas yang terjadi ialah pola proses pertama.

Rhine mulai beroperasi dengan pola kedua. Untuk kebutuhan ini, ia khusus menciptakan satu seri kartu. Jumlah seluruhnya 25 lembar, dengan 5 macam tanda gambar. Jadi, dalam tiap serinya ada 5 tanda gambar yang sama. Lambang-lambang gambar yang digunakan ialah: lingkaran, salib, tiga garis gelombang, binatang dan segi empat. Seri kartu ini dikenal dengan sebutan Kartu-Kartu Zener. Peluang untuk mendapatkan kartu bergambar, identik, ialah 1 : 5. Kalau misalnya ada seorang diminta mencabut selembar kartu dari satu unit kartu Zener, dan pada saat ia mengambilnya berfikir ''Aku ingin selembar kartu dengan tanda gambar segi empat" dan dia benar mendapatnya, maka peristiwa itu, pada saat itu pula mutlak merupakan satu peristiwa kebetulan. Tetapi andaikata pada pengambilan pertama, ia keliru mencabut tanda gambar lain, maka pada pencabutan kedua peluangnya untuk mencabut tanda yang dikehendaki akan membesardan demikian selanjutnya. Kini, andaikata ada orang yang secara berturut-turut sampai penuh 5 kali, berhasil mengambil keluar kartu dengan tanda gambar yang diinginkannya, atau lebih hebat lagi, ia dapat menerka seluruh isi tanda lambang gambar pada unit kartu yang berjumlah 25 lembar, maka mungkin orang masih bisa mengemukakan alasan bahwa peristiwa itu adalah satu masalah kebetulan yang luar biasa. Tetapi kalau orang itu akan dapat mengulangi hasil prestasi yang sama, sampai berturut-turut, maka unsur kebetulannya akan menjadi makin menciut, karena sudah makin mendekat dengan peristiwa kepastian. Dasar ini, yang dimanfaatkan oleh Rhine, sebagai titik tolak penelitiannya. Rhine dan para pembantunya membuat sebuah mesin pengocok kartu yang khusus, supaya menghindari adanya penipuan oleh ahli-ahli permainan kartu. Dan pada setiap kali acara eksperimen, digunakan satu setel kartu yang baru. Kartu yang dicabut keluar dari mesin pengocok ditampilkan pada satu layar pesawat monitoring, yang diletakkan di hadapan orang yang bertindak sebagai pengirim dan oleh si pengirim tadi kartu ini diperhatikan dengan konsentrasi penuh. Smentara itu, di satu lokasi lain ditempatkan orang kedua sebagai penerima, yang di depannya juga dilengkapi dengan sebuah pesawat monitoring. Tiap interval (jarak antara) tertentu, si penerima diwajibkan menekan tombol pada alat monitoringnya yang di atas layar peraga akan muncul gambar kartu yang diterima, dari si pengirim, tetapi si penerima takkan diberitahu mengenai benar-salahnya berita yang direkamnya. Kalau hasilnya menunjukkan satu angka rata-rata ketepatan yang lebih baik dari apa yang bisa disebut sebagai ketentuan batas kebetulan, maka perlu kiranya diadakan perubahan pada cara memberi penilaian. Sukses tertinggi yang pernah dicapai dengan cara ini diperoleh oleh seorang mahasiswa yang bernama Hubert Pearce, rasio perbandingan yang dihasilkannya ialah 1 : 10.000.000.000.000.000.000.000! Kesimpulan yang berhasil ditarik oleh Rhine dengan eksperimen ini, ialah ditemukannya beberapa unsur yang mendukung dan beberapa unsur yang menghambat proses terselenggaranya hubungan telepatis, di antaranya fihak-fihak yang bersangkutan. Pengaruh yang datang dari luar juga terbukti cukup penting, misalnya pujian akan meningkatkan hasil prestasi sementara kecaman akan memerosotkannya. Unsur-unsur variable lainnya, ialah sebagai berikut:

Peserta muda usia pada umumnya lebih baik dibanding yang berusia tua. Wanita termasuk yang remaja, biasanya berfungsi lebih baik pada acara penerimaan dibanding dengan lawan seksnya secara keseluruhan, tua maupun muda. Kemungkinan akan adanya perbedaan pada jarak antara tempat pengiriman dengan tempat penerimaan, juga telah diteliti. Pada acara penelitian yang diselenggarakan pada kurun waktu 60-an dan 70-an, terbukti bahwa jarak antara letak geografis sama sekali tidak ada pengaruhnya, atau hanya minimal sekali sehingga dapat diabaikan. Pernah diadakan eksperimen pada jarak jauh, yakni antara Los Angles, pantai Barat Amerika dengan Sussex di Inggris. Ternyata hasil hasilnya cukup meyakinkan.

Sejak dimulainya eksperimen Rhine, yang ilmiah dan sangat mempesona ini, sampai sekarang, ribuan test telah dilaksanakan. Hasil-hasilnya terbukti sangat positif, sehingga dalam hal ini pun orang dapat menentukan adanya hubungan telepatis yang dapat terselenggara baik dengan pola sistem yang mirip dengan komunikasi radiografis tanpa kawat.

Hasil-hasilnya memang sangat konkrit. Tetapi sampai saat ini, orang belum juga bisa mengungkap realita proses bekerjanya telepati. Hipotesanya bukan sedikit, tetapi tidak satu pun yang berhasil dibuktikan secara konkrit. Perumusan salah satu di antaranya ialah sebagai berikut:
Otak manusia menyiarkan getaran berita. Apabila disertai dengan konsentrasi penuh, akan dapat diterima oleh orang lain. Getaran 'ni berbeda dengan getaran elektromagnetis atau elektris, karena getaran jenis-jenis di atas akan makin melunak seiring dengan makin jauhnya letak geografis yang ingin dicapai. Fakta ini tidak berlaku pada telepati. (lihat atas). Satu contoh lain yang amat menarik mengenai tidak berlakunya faktor letak geografis pada proses telepatis, punya sangkut-paut dengan kapal selam nuklir yang pertama, "Nautilus", milik Angkatan Laut A.S. Pada tahun 1959, kapal selam yang saat itu masih unik, melakukan satu eksperimen untuk menguji ketahanan jangka waktu keberadaannya di bawah laut. Selama 16 hari, kapal ini tak pernah muncul di permukaan. Di antara para awak kapal, terdapat seorang penumpang khusus yang nama maupun profesinya tidak tercatat pada daftar awak kapal. Hanya kapten kapal dengan koki kapal yang tahu akan kehadirannya. Sehari dua kali, dari kamar penumpang misterius tadi, kapten kapal mengambil potongan-potongan kertas, dengan lambang tanda kartu Zener. Tanda-tanda kartu ini selanjutnya

oleh kapten dimasukkan ke dalam sampul-sampul khusus dan disegel. Pada saat kapal pulang ke pangkalannya, sampul-sampul itu langsung dikirim ke salah satu pusat riset Angkatan Laut A.S. dan dibuka. Kemudian kartu-kartu itu dibandingkan dengan berita-berita kiriman yang telah dilakukan dengan cara khas di pusat riset yang bersangkutan, dan selama ini, tersimpan rapi di dalam sebuah almari besi. Ternyata, bahwa penerimaan berita-berita tersebut yang dilakukan oleh seorang petugas di atas kapal Nautilus, memperlihatkan tingkat ketepatan yang melampaui 70%. Jumlah persentase sebesar ini jauh melampaui kemungkinan batas adanya unsur variable kebetulan. Dan komunikasi tersebut dilakukan atas dasar telepati.

Hasil ini agaknya dapat meniadakan adanya unsur penipuan, karena pengontrolan ilmiahnya benar-benar ketat sekali. Faktor determinan lain yang ikut membantu memberantas kemungkinan adanya kasak kusuk penipuan, ialah adanya fakta bahwa pada ukuran kedalaman labuhan kapal selam Nautilus, dimana eksperimen diadakan, getaran-getaran listrik maupun elektro magnetis, tidak akan punya kemungkinan untuk menembus. Ternyata eksperimen tadi bukan hanya semata-mata mengejar satu pembuktian ilmiah saja, tetapi terdapat unsur penting lain yang tersembunyi di baliknya. Eksperimen ini disponsori oleh Pimpinan Angkatan Perang Amerika, di Pentagon, gedung Markas Besar Angkatan Bersenjata A.S. di Washington, tujuannya tentunya bersifat "strategis". Di balik masalah telepati, terdapat satu potensi senjata pamungkas yang luar biasa besarnya. Telepati tak dapat dilawan, dikontrol dengan peralatan apa pun. Salah satu kemungkinan yang amat hebat ialah, andaikata para agen dinas rahasia yang ditempatkan di wilayah musuh, akan dapat mengirimkan berita mereka secara telepatis ke salah satu pusat penerimaan berita telepatis, maka segala macam berita akan segera dapat dikirim dan diterima melalui pemusatan pikiran saja. Fantastis sekali, segala kemungkinan yang bisa digali keluar dari masalah telepati, demi strategis perang.

Contoh lain yang lebih baru, ialah eksperimen sama yang dilakukan oleh pimpinan NASA, pada peluncuran pesawat ruang angkasa Apollo XIV, di dalam kerangka upaya pengadaan perlawatan ke Bulan. Hal ini terjadi di tahun 1971. Pesawat angkasa luar Apollo XIV ini diawaki tiga orang astronot, yakni Roosa, Shepard dan Mitchell. Acara eksperimen mirip sekali dengan yang dilakukan oleh kapal selam Nautilus pada tahun 1959. Pada eksperimen Apollo XIV, yang bertindak sebagai pengirim, ialah Mitchell, yang pada jam-jam tertentu mengirimkan beritanya ke bumi, dimana Olav Johnson bertindak sebagai penerima. Hasilnya memperlihatkan bahwa satu sukses besar karena Johnson sebagai "penerima", berhasil mencapai jumlah persentase yang jauh melampaui kemungkinan adanya peran kebetulan. Jarak yang ditempuh acara "pembacaan pikiran secara telepatis" tidak kecil, bahkan luar biasa besarnya, yakni 200.000 km.

Wajar sekali, kalau di benak kita muncul satu pertanyaan yang mengatakan, "Mengapa hanya ada sedikit orang saja yang terbukti punya kemampuan telepatis, sementara kebanyakan orang tidak?" Pertanyaan ini memang punya hubungan yang erat sekali dengan masalah cara kerja telepati. Sudah sejak dasawarsa tahun 50-an, ahli-ahli bangsa Rusia mengadakan eksperimen-eksperimen intensif dalam bidang gejala-gejala paranormal. Mereka akhirnya mencapai satu kesimpulan, bahwa munculnya gejala-gejala paranormal tidak ada hubungannya sama sekali dengan masalah ada tidaknya getaran. Usaha-usaha mereka secara khusus diarahkan pada penemuan-penemuan wujud enerji, yang sampai dewasa ini belum dikenal.

Salah seorang di antaranya, yakni ahli parapsikologi Vasiljev, bertolak dari dasar hipotesa, bahwa ada wujud/bentuk sumber enerji tertentu yang secara umum telah hilang dari rata-rata badan manusia. Kehilangan tanpa sadar ini telah terjadi seiring dengan proses-proses evolusi psikis maupun fisis manusia, di sepanjang sejarah perkembangannya. Sejumlah orang mungkin masih punya potensi itu, meski dalam bentuk lugunya dan sama sekali tak pernah mengalami proses pembinaan yang sistematis. Mereka mungkin dapat kita golongkan pada orang-orang yang berbakat telepati. Sejumlah ahli peneliti lain berpendapat, bahwa setiap orang pada dasarnya masih punya potensi bakat seperti itu, hanya saja tidak pernah menyadarinya, apalagi menganalisanya. Sebagai bukti, mereka menunjuk pada gejala mimpi tertentu yang mengandung pesan, atau kontak telepatis dengan orang lain. Tersembunyi di balik ini, mungkin terdapat apa yang disebut proses telepati sadar maupun yang tidak sadar. Pada proses yang sama, orang yang bermimpi dengan sadar, membuka rohnya untuk menerima berita-berita dari luar, sementara pada proses pola kedua, orang yang bermimpi, dipaksa untuk menerima berita dari seorang yang sengaja mengirimnya.

Dua contoh akan kami berikan:
Pertama: Seorang wanita bermimpi mengenai seorang kenalan prianya

yang diketahuinya sedang berlibur di salah satu pulau di Karibia. Kenalan pria ini pandai berenang di sebuah telaga pinggir pantai. Tetapi mendadak saja, pria itu berteriak-teriak seperti minta tolong. Terlihat pria itu sedang digenangi oleh air yang berwarna gelap dan kehijau-hijauan. Pria itu terlihat terseret masuk ke dalam air. Wanita itu dengan rasa panik yang sejadi-jadinya, terbangun. Setelah kembali tenang, ia mengesampingkan masalah itu sebagai suatu mimpi buruk. Tetapi beberapa minggu kemudian, dari seorang kawannya, wanita itu mendapat khabar bahwa kawan prianya telah mati tenggelam sewaktu berlibur. Kemudian ia mencocokkan tanggal dan waktunya peristiwa tadi, terjadi dengan saat-saat sewaktu ia bermimpi. Ternyata cukup serasi. Apakah ini termasuk masalah kebetulan, atau satu pesan telepatis yang didesakkan kepada di dalamnya mimpi?

Kedua: Di Maimonides Hospital di New York, pada saat periode tertentu diadakan eksperimen tentang mimpi. Seorang percobaan dibuat di bawah hipnosa agar tidur lelap. Selanjutnya, kepada seorang telepat diwajibkan sebuah penugasan supaya di berkonsentrasi diri pada sebuah lukisan Salvador Dali, pelukis surealistis mashur. Lukisan tersebut berjudul ''Makan Malam Terakhir''. Ketika orang percobaan terbangun ia menyatakan bahwa dia telah bermimpi dengan semrawut. Satu fragmen di antaranya mengenai sebagaian dari lukisan Dali. Kebetulan? Atau pesan telepatis?

Telah kami jelaskan bahwa sejumnlah media, mampu menciptakan gejala-gejala penampilan materialisasi di dalam maupun di luar kondisi trance. Harus diakui bahwa peristiwa seperti di atas, trjadi sebagai akibat halusinasi. Tetapi di samping, itu sejumlah peristiwa gejala materialisasi, berhasil direkan oleh kamera. Kamera jelas tak bisa dipengaruhi. Timbul pertanyaan pada kita: Apakah telepati mampu mematrialisasikan pikiran dan menjadikan suatu penampilan yang konkrit. Yang bisa diraba, didengar dan dilihat?''

Banyak media yang bisa dipercaya, menyatakan bahwa alam kelanggengan adalah alam cipta pikiran. Apa yang diperlukan, akan segera ada melalui karya cipta pikiran. Dekomentasi parapsikologi memberi beberapa contoh unik. Kami akan mengemukakan dua buah, di antaranya:

Satu : Seorang yang karena profesinya harus setiap saat ''berkutet'' dengan masalah uang, pada suatu saat meninggal dunia. Beberapa saat setelah dia mangkat, rohnya masih tetap terbelenggu oleh masalah uang. Dia merasa masih sangat memerlukan uang dan berfikir mengenai upaya pengadaan uang. Tahu-tahu, uang itu ada. Akhirnya ia tersadar, bahwa uang tidak bermanfaat apa pun di alam kelanggengan. Berita ini disampaikan oleh roh orang tersebut kepada seorang medium.

Dua : Kisah ini mengenai seorang anak kecil yang ada pada masa hidupnya mendambakan sebuah sepeda, tetapi tidak pernah berhasil mendapatkannya, sehingga pada waktu itu meninggal dunia, pikirannya masih terbelenggu oleh masalah keinginan ini. Tetapi selanjutnya, ia menyadari bahwa didalam kelanggengan ia sama sekali tidak lagi memerlukan sepeda.

Yang lebih penting adalah persoalan: Apakah daya cipta fikir yang mewujudkan, dapat juga diterapkan di alan kita, di dunia. Sejumlah kisah tentang penampilan gaib, memang menunjuk ke arah kemungkinannya hal yang dinyatakan tadi. Sebagian besar menyangkut orang orang yang baru saja meninggal, yang tiba-tiba saja bisa tampil di hadapan kenalan atau sanak saudara, seakan-akan ingin menyampaikan tanda terakhir. Tenhaeff, mengemukakan contoh ini:
Pada suatu hari, dr. Boestead sedang bermain softbasll, tiba-tiba saja melihat adik tirinya datang. Saudaranya tadi berpakaian lengkap sebagai seorang pemburu, dengan menyandang sebatang senapan di bawah lengannya. Wajahnya menyungging senyum, melambai dengan tangan ke arahnya, lalu menghilang. Setelah di cek, terbukti bahwa di satu tempat lain, pada saat yang sama, adiknya menemui ajal. Adik tirinya ini seorang penderita penyakit TBC yang sudah lanjut. Meskipun dr. Bowstead tahu bahwa tidak lama lagi adik tirinya akan pergi untuk selamanya, karena penyakitnya yang tak mungkin dapat disembuhkan, tetapi dia sama sekali tidak mengira bahwa ajal si adik akan datang kemudian cepatnya.

Dalam analisanya, Tenhaeff sangat menekankan pada kemungkinan terjadinya suatu gejala halusinasi, yang dibangkitkan oleh daya pikir dr. Bowstead, yang sadar maupun yang digali dari bathin bawah sadarnya. Hal ini memang bisa terjadi. Tetapi di dalam kisah Tenhaeff, juga diberitahukan bahwa hasil pengecekan yang dilakukan kemudian memberi bukti bahwa beberapa saat sebelum si adik tiri tampil di depan dr. Bowstead, ia justru merasa dirinya sudah sehat dan sedang menyatakan keinginannya untuk sekali lagi ingin berburu. Dia bahkan sudah berganti pakaian pemburu, lengkap dengan senapannya. Ayahnya berusaha mencegah niatnya itu, yang baginya tidak masuk akal, mengingat kondisi kesehatannya. Atas upaya pencegahan itu, si anak terbangkit emosinya dan menyatakan sudah merasa cukup sehat, sehingga ia akan sekalian berkunjung kepada kakak tirinya, yakni dr. Bowstead. Tetapi malang sekali, saat itu juga, ia mendapat serangan da muntah darah. Sesaat kemudian, ia meninggal dengan pakaian pemburu lengkap, sambil menyandang senapan di bawah lengannya.

Identik dengan gejala penampilannya di hadapan dr Bowstead Keterangan lanjutan Tenhaeff ini mau tidak mau menjadi bumerang bagi dasar hepotesanya, mengenai kemungkinan adanya gejala halusinasi. Sangat besar kemungkinannya, bahwa dr. Bowstead, saat dia bermain softball, sedang berpikir mengenai adik tirinya. Tetapi juga sangat mungkin kiranya, bahwa dr. Bowstead tidak pernah berpikir mengenai adik tirinya dengan cara berpakiannya sebagai seorang pemburu, mengingat bahwa dia tahu benar adiknya menderita penyakit TBC. Lebih logis, ialah penjelasan tentang telah terjadinya pesan telepatis. Apalagi kalau kita mengetahui bahwa sejenak sebelum ajalnya, si adik jelas sedang berbicara hal kakak tirinya. Jika kita beranjak dari hepotesa bahwa dr. Bowstead pada saat yang sama juga sedang memikirkan adiknya, maka terbuka satu kemungkinan baru yang logis, bahwa telah terjadi suatu kontak telepatis yang tak sengaja antara keduanya. Dan karena demikian, telah terjadi satu gejala materialisasi.

Jacobson, di dalam bukunya yang berjudul "apakah orang-orang mati itu hidup?" menampilkan sebuah contoh yang dialaminya sendiri mengenai kemungkinan adanya materialisasi di antara orang-orang yang sama sama masih hidup. Kiahnya sebagai berikut: "Hari itu, Ayah, Ibu dan Aku sendiri, mendapat undangan Tuan H, seorang guru gambar bangsa Hungaria. Ketika kami sampai di depan rumahnya, dengan jelas kami l melihat Tuan H, sedang tekun bekerja di pinggir jendela depan. di rumahnya. Tetapi ketika kami sampai di pintu studionya, tak ada seorang pun yang membukakan pintu. Kami tentu saja merasa heran, karena sejenak sebelumnya dengan jelas kami melihatnya, dan dia pun telah melihat kedatangan kami. Akhirnya ayah menyarankan agar kami menunggu di depan pintu saja. Kami tahu benar bahwa rumahnya tidak punya pintu tembusan di belakang. Jadi kami memutuskan untuk kembali ke bawah ke pintu depan. Dan cobalah terka, siapa yang kami lihat ketika kami sampai di sana? Tuan H, yang sedang terengah-engah kehabisan nafas. Lalu kami menceritakan apa yang telah tejadi. Dengan tersipu-sipu, ia menyatakan bahwa dia memang merasa khawatir sekali akan datang terlambat! Itu saja yang dikatakan."

Sedikit jumlah gejala-gejala penampilan yang dapat kita soroti denga begitu mudahnya, kecuali kalau peristiwa yang bersangkutan punya ikatan hubungan dengan halusinasi atau penipuan. Harus diakui bahwa kisah-kisah seram mengenai kemunculan gejala-gejala materialisasi adalah isapan-isapan jempol belaka. Atau bisa jadi, merupakan akibat dari suasana dan kondisi lingkungan yang sugestif. Aspek ini harus diperhitungkan dengan teliti oleh para penyelidik kebenaran.

Jacobson masih memberi contoh lain yang polanya berbeda. ''Pada suatu saat, kami sedang sibuk membangun sebuah ondok baru untuk musim panas. Olle, seorang anak tetangga, pergi berlibur, ketika pondok kami baru jadi fondasinya. Pondok itu berhasil diselesaikan sebelum Olle kembali dari liburannya di tempat lain.

Pada suatu senja, saat itu sudah rembang-petang, suamiku dan aku sendiri yang kebetulan sedang duduk diberanda depan pondok baru, kami melihat bayangan salah seorang tetangga kami bergegas menuju jalan, lalu menyeberanginya dan masuk menghilang ke dalam hutan cemara. Sembari guyon, aku nyeletuk pada suamiku 'Nah, itu baru suatu penampilan hantu yang baik!'

Masih malam itu juga tetapi sudah larut. Suasana masih tetap remang-remang. Sekali lagi, aku melihat bayangan profil orang. Kali ini, ia muncul dari seberang jalan, setelah menerobos ke luar dari hutan cemara. Langsung ia menyeberangi jalan dan menuju ke pondok baru kami. Profil itu mengenakan piyama biru muda dan banyak mirip dengan Olle. Di depan rumah kami, ia berhenti, berkacak pinggang sejenak, seakan-akan sedang memperhatikan pondok kami, lalu mendadak saja menghilang.

Selang seminggu kemudian, Olle kembali dari berlibur. Mirip sekali dengan bayangan profil seminggu lalu. Hanya kali ini, ia menghindari hutan cemara. Pada saat ia melihat pondok kami, wajahnya tampak terkejut-kejut heran dan berseru: 'Tapi rumah ini pernah kulihat!' Lalu dia berceritera: 'Pada suatu malam aku mimpi. Seakan-akan sedang berjalan menyeberangi jalan itu. , dan kulihat rumah ini. Ya, dengan jelas sekali, aku melihatnya. Berandanya kebetulan berada di sisiku. Ku lihat Ny. L, orang yang menceritakan bagian depan kisah aneh ini, sedang berdiri di tangga beranda, seperti ingin menyapaku.

Apakah kami saat itu saling berbicara atau tidak, aku lupa sama sekali. Ketika aku kembali dari libur, aku menuju ke rumsah baru Ny. L, untuk sekedar ngobrol.

Aku terkejut setengah mati, ketika aku melihat rumahnya. Tampak tiada bedanya sama sekali dengan rumah yang kulihat di dalam mimpi. Ny. L, bertanya apa aku mengenakan piyama biru muda ketika aku mimpi malam itu. Memang begitu. Juga persesuaian waktunya tidak berbeda."

Penjelasan yang mungkin bisa diberikan untuk penampilan gejala seperti di atas, agaknya ialah adanya pelayangan keluar dari badan astral, pada saat orang yang bersangkutan sedang tidur atau mimpi.

Dan ini kisah lain mengenai gejala penampilan orang yang telah mati:
Pada ahun 1959, tuan dan nyonya Chinnerey dari Piswich di Inggris, mengunjungi kuburan ibunya. Itu semacam pekerjaan rutin mereka, sambil membawa seikat bunga. Setelah selesai, tiba-tiba saja Ny. Chennerey punya gagasan untuk mengambil foto suaminya dengan pose di belakang roda kemudi mobil. Filmnya dicucikan, dan Ny. Chennerey kemudian menerima foto jadinya. Saat itu, ia mengalami shock, karena di tempat duduk bagian belakang, posisinya agak miring di belakang suaminya, tampak foto mendiang ibunya yang mengenakan mantel, dengan sepotong syal melilit di leher.
Selanjutnya, negatif foto diteliti oleh seorang ahli dari majalah "Sunday Pictorial" dan kemudian juga oleh ahli -ahli foto lain. Semuanya menyatakan bahwa foto itu asli dan bukan dimontase.

Dalam peristiwa aneh yang ini, terdapat kemungkinan tiga macam penjelasan;
(1) Tuan dan nyonya Chennerey ingin mendapat publisitas dan melakukan suatu penipuan dengan menempatkan seorang wanita di tempat duduk belakang. Tetapi keterangan-keterangan yang berhasil dihimpun dari orang-orang yng pernah mengenal ibu Ny. Chennerey di masa hidupnya, dengan positif menyatakan bahwa yang ada di tempat duduk di belakang, benar -benar mendiang nyonya itu;
(2) Tuan dan nyonya Chennerey, "pikirannya tertuju kepada mendiang ibunya yang dulu juga ikut bepergian dan duduk di belakang. Hal ini terjadi secara tidak sadar. Jadi, tercipta satu peristiwa meterialisasi telepatis;
(3) Penjelasan yang bersifat spiritis, yakni roh mendiang ibu Chennerey, memang datang menampilkan diri.

Gejala yang diatributkan kepada kegiatan Poltergeist, akrab sekali dengan gejala-gejala penampilan paranormal. Sering orang mendefinisikan hal seperti itu ke dalam golongan gejala penampilan hantu. Tetapi satu perbedaan menyolok terdapat di antara penampilan hantu dengan kegiatan Poltergeist, karena Poltergeist tidak menampakkan diri, tetapi kegiatannya justru sangat menonjol.
Penjelasan mengenai gejala-gejala penampilan hantu yang diberikan

oleh Prof Dr. Carl Gustav Jung, pernah mengalami gejala penampilan hantu, juga ketika ia berada di Inggris. Pelan-pelan sebuah kepala wanita tua melayang-melayang di dalam kamarnya. Dikatakan juga bahwa penampilan yang sama pernah dilihat oleh orang-orang yang dulu menghuni rumah tersebut. Poltergeist sesuai dengan namanya, selalu gaduh dalam penampilannya dan acapkali juga jahat. Mereka melempar dengan batu, memadamkan lampu, menghancurkan jendela, dan melemparkan benda-benda.

Sebuah contoh yang baik mengenai kegiatan penampilanm gejala Poltergeist, pernah terjadi di Wlsele, sebuah desa yang letaknya di antara Leuven dan Mechelen, di Belgia. Peristiwa terjadi pada tahun 1973. Pusat kejadian ialah di rumah dan pekarangan keluarga Corda. Sapu bisa naik pohon, perabotan rumah berpindah-pindah dan kursi bisa naik ke atas meja. Selanjutnya, terjadi juga lemparan-lemparan batu yang berkekuatan tinggi, yang sumber asalnya tak diketahui. Beberapa jendela di rumah Corda maupun para tetangganya, hancur berantakan. Kegiatan ini sangat mirip dengan apa yang disebut kegiatan Poltergeist. Sudah diketahui, ada sejak jaman Romawi. Dari jaman itu, diwariskan ceritera tentang batu-batu yang tanpa sebab berjatuahan dari langit, benda-benda berterbangan, ketukan maupun hantaman mesterius pada pintu.

Prof. Tenhaeff, ikut mengikuti dengan teliti segala peristiwa yang terjadinya di desa Wilsele. Akhirnya, dia sampai pada kesimpulan yang sebelumnya juga sudah ditarik oleh banyak ahli lainnya, bahwa rentetan peristiwa yang tampaknya paranormal itu, sebenarnya dibangkitkan sendiri secara tidak sadar oleh orang-orang tertentu, di dalam rumah yang bersangkutan. Biasanya biang keladi gejala kegaduhan adalah orang-orang yang menderita neurosa berat. Penelitian Tenhaeff, mengarah pada anak laki-laki keluarga Corda, yang berusia 14 tahun, bernama Jaques. Ternyata akan ini dan beberapa anak keluarga Corda lainnya, adalah anak-anak neurotik dan berbakat paranormal yang tinggi. Dengan penemuan ini, Tenhaeff berhasil memastikan hal yang pernah dihipotesakan oleh Frued dan Lombroso, ialah bahwa anak-anak akil baliq punya kemungkinan besar sekali menderitas tekanan dan tegangan jiwa yang sangat tinggi. Kalau faktor ini tidak mendapatkan saluran keluar yang wajar, dan tertimbun terus di dalam bathin bawah sadar, si anak lalu bergabung dengan bakat neurosa yang memang sudah dimilikinya sejak lahir, maka reaksi yang dibangkitkan bisa bersifat fisis, seperti terjadi pada kegiatan Poltergeist.

Peran anak-anak memang dominan sekali, pada kegiatan model Poltergeist. Sebuah contoh lain yang menarik terdapat pada satu peristiwa yan terjadi di Wina. Kisahnya sebagai berikut:
Seorang pembuat instrumen, mondok di rumah satu keluarga. Mendadak saja, ia diberitahu oleh pemilik rumah bahwa kamarnya tidak akan lagi disewakan, tanpa ada dasar alasan tertentu maupun tengggang waktu. Si pembuat instrumen tentunya jengkel dan marah sekali. Sebelum ia meninggalkan kamarnya, dilontarkannya kata-kata ancaman. ''Kamu jangan sembarangan terhadap aku. Tunggulah pembalasanku!''
Sekitar sebulan kemudian, mulai terjadi macam-macam gangguan di rumah keluarga tersebut. Ketukan aneh, pelemparan batu, atau benda lain yang berdatangan dari luar melalui pintu maupun jendela. Di malam hari, di kamar-kamar muncul letupan-letupan api. Lalu seember air dingin dituangkan di atas kepala anak gadis si penghuni rumah, harmonika tiba-tiba bunyi sendiri.

Muller, seorang ahli pasikiatri yang mengalami masalah tersebut berhasil menemukan biang keladinya. Ternyata semua kegaduhan dibangkitkan oleh anak gadis tuan rumah yang berumur 16 tahunan. Kata-kata ancaman si pembuat instrumen telkah membuat anak gadis itu menderita satu shock secara psikis. Dan dia berkhayal mengenai segala macam kemungkinan yang terselubung di balik ancaman tadi. Timbullah materialisasi kegaduhan yang mirip kegiatan Poltergeist. Dengan cara bagaimana hal itu terjadi memang masih belum berhasil kita soroti dengan jelas.

Herry Price, si pemburu hantu yang amat mashur, telah berhasil meneliti dan menganalisa ratusan peristiwa paranormal. Dan Eleonore Zugun, seorang gadis asal Rumanis, yang berbakat paranormal tinggi, juga pernah dijadikan obyek penelitiannya. Kegiatan paranormal yang diciptakan Eleonore, sangat mirip dengan kegiatan Poltergeist. Selama penelitiannya,. pada suatu ketika, hampir saja Price terluka, karena mendadak saja sebikah pisau pembuka surat, terbang melayang ke arah kepalanya. Price mgnundang Eleonore ke London. Di bawah cara pengontrolan yang ketat, penelitian dilanjutkan. Terbukti kemudian, bahwa gadis Rumania itu memang punya bakat psikokinesi yang tinggi dan amat gampang menguasai materi dari jarak jauh. Tanpa bergerak sedikitpun, Eleonoro berhasil membuat benda-benda berpindah atau terangkat naik. Efek sampingan aneh yang diderita Eleonore pada waktu berlangsungnya eksperimen, ialah timbulnya luka-luka kecil dan bilur-bilur pada tubuhnya. Juga pada diri Eleonore, ini telah berhasil dikonstatir adanya sumber potensi neurosa alami.

Agaknya sangat berdasar juga, bahwa kegiatan Poltergeist pada umumnya memang digerakkan oleh orang. Pada sejumlah kasus telah ditemukan adanya penipuan. Pada sejumlah lainnya, ditemukan gejala halusinasi yang terbangkit oleh suasana kondisi yang sugestif, misalnya karena adanya kenangan intensif yang bertahan sehabis mimpi buruk. Tetapai pada sebagian besar kasus yang berhasil diteliti terbukti adanya keterlibaan anak-anak yang berpotensi neorutik.
Pada kasus seperti ini, kegiatan paranormal tadi lebih terpusatkan pada anak itu sendiri, dan tidak banyak meluas ke sekitarnya. Sementara orang biasanya terlalu serampangan menarik kesimpulan, dengan menyatakan bahwa anak yang bersangkutan kemasukan setan. Dan teori yang paling mudah dicerna ini menjadi semakin populer, karena telah berhasil dimanfaatkan oleh perusahaan-perusahaan film, film di Hollywod khususnya. Masalah eksorsi atau perusahaan-perusahaan Masalah eksorsi atau penumpasan dan pengusiran hantu jahat menjadi satu thema yang banyak menghasilkan duit, tetapi juga banyak mengaburkan realita.

Ada sebuah dasar teori lain, yang cukup menarik tetapi juga bersifat mengambang, terdapat pada hipotesa DIMENSI KEEMPAT. Menurut sementara ahli, antara lain termasuk juga seorang ahli astrofisika yang bernama Zolner, dimensi yang kita kenal sampai saat ini, yakni lebar, panjang dan tinggi kurang sempurna. Ada satu faktor X yang kurang. Menurut Zolner, berbagai macam kenyataan menunjuk ke arah adanya dimensi ke-4 atau bahkan ke-5, misalnya jika diandaikan bahwa unsur-unsur waktu dan ruang tidak diartikan berdiri terpisah dari ketentuan dimensi yang kita kenal. Singkatnya, masih ada satu dimensi X yang belum bisa kita ketahui.
Untuk menjelaskannya, dikemukakan perumpamaan sebagai berikut: Andaikata ada seekor serangga imajiner yang hanya mengenal dimensi dua saja, yakni lebar dan panjang. Serangga ini merayap di atas sebuah permukaan papan yang pipih. Secara snesoris, serangga ini sama sekali tidak mengetahui hal adanya dimensi ke-3, yakni tinggi. Tiba-tiba saja, sebutir batu terjatuh dari atas. Bagi serangga, hal ini merupakan peristiwa yang amat mukjizat dan takkan bisa dimengerti, karena dia tidak mengenal apa artinya tinggi. Menurutnya, batu itu datang dari ketiadaan. Demikian juga kita tidak akan bisa mengerti kalau ada hujan batu yang datang dari dimensi ruang dan waktu.

Bagi kita, teori ini terlalu dicari-cari dan lebih berbau tahyul. Sama sekali tidak mirip dengan macam-macam hasil penelitian yang telah dilakukan dengan nati dingin dan ilmiah, khususnya selama 40 tahun paling akhir ini, yang antara lain telah berhasil membuktikan adanya psikokinesi atau telekinesi.

Di bawah istilah psikokinesi atau telekinesi, terdapat pengertian hal adanya sejenis sumber energi di dalam roh manusia yang memberi kemampuan pada manusia, untuk menguasai materi. Dengan ini, manusia punya kemampuan untuk memindahkan dan mengangkat benda-benda, tanpa mengerahkan tenaga fisiknya.
Uri Geller, adalah satu contoh yang tak meragukan. Dia mampu melekuk batangan besi pada jarak jauh, membuat arloji berhenti, memindahkan jarum jam hanya dengan tatapan matanya saja dan macam-macam peragaan energi psikokinetis lainnya yang jelas akan membuat semua ahli sulap iri. Tetapi banyak juga ahli yang menyangsikan bakat paranormal Geller, misalnya seperti Hans Bender dan Tenhaeff, dua tokoh parapsikologi yang cukup tenar. Mereka mengatakan Geller adalah ahli sulap jempolan, tetapi tidak lebih dari itu. Tetapi banyak juga peneliti dan tentunya Geller sendiri yakin akan kemampuan psikokinetisnya, bahkan menganggap dia sebagai salah seorang berbakat psikokinetis yang terbaik, yang pernah ada.

Siapa yang tidak kenal Marco Polo? Dan dia pun bercerita tentang satu peristiwa yang membuat dia terlongong-longong heran. Peristiwa itu terjadi semasa dia berada di istana kaisar Mongol Kubilai Khan. Kisahnya sebagai berikut:
Apabila Khan Agung (Kaisar) sedang dahar resmi dengan para tamu kerajaan, maka meja yang ada di tengah, tingginya harus delapan elo, dan agak di kejauhan terdapat sebuah bupet . Di atas permukaan bupet yang umumnya tidak seberapa tinggi, ditata macam-macam perabot yang akan melengkapi upacara makan-minum. Kalau tiba saatnya, maka para ahli sihir istana akan memperagakan kemahiran mereka, dengan membuat botol-botol isi minuman bergerak dan menuang sendiri minumannya ke dalam cangkir atau piala, tanpa bantuan seorang pelayan pun. Selanjutnya cawan-cawan berisikan minuman akan beterbangan sekitar jarak 10 langkah, menuju ke tangan Khan dan tamu-tamu lainnya. Segera setelah dikeringkan, cawan-cawan akan kembali terbang ke tempat asal masing-masing.
Letak persoalan di sini ialah apakah yang dilihat Marco Polo itu betul-betul terjadi, atau apakah dia telah dipengaruhi oleh muslihat para

ahli sihir yang jempolan? Bisa jadi, terkena halusinasi atau telah menjadi korban khayalannya sendiri yang subur?

Kurt Frischler, seorang pengarang bangsa Jerman, dalam bukunya "Roh dan Ahli Magic", menulis sebagai berikut: "Bukankah kita selalu menghayati bahwa roh kita setiap saat memberi aba-aba? Misalnya 'Aku sekarang ingin menggerakkan jari kelingking'. Segera saja jari itu menurutinya". Apakah hal itu benar dibangkitkan oleh gerak hati yang sumber asalnya terletak di dalam pikiran? Ahli-ahli Filologi barangkali telah berhasil membuktikan bahwa yang pertama kali mengawali gerakan adalah persyarafan yang menyalurkan sejenis aliran perlistrikan yang lembut dan menembus ke dalam sistem perototan. Baru sistem perototan ini yang akan benar-benar menggerakkan anggota-anggota tubuh yang dikehendaki. Tetapi apa sebenarnya yang membangkitkan gaya pada impuls-impuls aliran listrik ini pada permulaannya. Suatu gaya atau sumber energi misterius yang dikelola oleh *aku mau*. Faktor inilah yang sampai sekarang belum bisa dijelaskan atau ditemukan secara laboratoris oleh ahli mana pun. Persoalannya berkisar pada ada atau tidaknya kemauan atau roh, atau istilah apa pun yang anda ingin terapkan, yang jelas secara fisis jelas takkan dapat diterangkan. Dan persoalan seperti itu sesungguhnya jangan diremehkan atau dikatakan sumbang dan tidak nalar.

J.B. Rhine, yang sukses dengan eksperimen telepatinya, juga menyibukkan diri dengan eksperimen lain yang berkaitan dengan gaya psikokinetis dan berusaha menemukan hipotesanya yang dapat diandalkan. Untuk ini, ia bekerja sama dengan penjudi-penjudi profesional yang pernah menyatakan bahwa dengan daya kemauan mereka, akan dapat mengatur sekehendak hati, mata-mata dadu yang akan keluar dari pelemparan biji dadu. Rhine kemudian membuat sebuah mesin pelempar biji yang sistemnya mirip dengan mesin pengocok yang dibuatnya untuk eksperimen telepatinya. Dengan alat ini, dapat dicegah kemungkinan penipuan pada pelemparan yang dilakukan dengan tangan biasa.

Tujuan eksperimen sama dengan yang mendahuluinya, yakni menghilangkan unsur kebetulan. Ternyata hasilnya positif, sehingga Rhine tiba pada satu kesimpulan bahwa: "Bagaimana pun juga kondisinya, roh atau batin manusia memang dilengkapi dengan semacam gaya yang dapat mempengaruhi materi. Apa yang disebut psikokinesi dan bagaimana cara kerjanya, mungkin belum bisa diketahui, tetapi akibat pengaruhnya dapat dicatat dan dihayati oleh materi. Dalam ruang lingkup kegiatan fisik manusia, maka faktor ini bisa membawa manusia pada hasil-hasil yang sama sekali tak dapat dihubungkan atau dijelaskan lagi berdasarkan faktor fisik semata-mata maupun yang berdasarkan pada faktor sumber energi fisik secara umum".

Sejak awal abad ini, telah banyak diselenggarakan acara eksperimen yang menarik perhatian orang. Para peneliti, misalnya, Schrenk Notzing dan Ochorowicz, telah meneliti gadis Polandia yang bernama Stanislawa Tomczyk. Gadis ini pada masa kanak-kanak pernah menderita shock yang berat, sehingga pada usia dewasanya harus mengalami pula hal-hal yang mirip dengan kegiatan urakan Poltergeist. Di sekitar gadis ini, macam-macam benda, seperti tempat tinta, keranjang sampah, dan lampu bisa bergerak secara mendadak. Ketukan bisa terdengar, lampu bisa mati-hidup. Stanislawa pribadi beranggapan bahwa di dalam dirinya bersemayam satu *AKU YANG KEDUA*. Di bawah pengawasan ketat, ia melakukan banyak macam percobaan seperti yang sekarang dilakukan oleh Uri Geller. Dia juga bisa memindahkan jarum jam dari kejauhan, hanya dengan tatapan pandangnya. Selama dilakukan eksperimen, di sekitar dirinya terjadi gejala-gejala penampilan levitasi yang spontan. Asalkan sepasang tangannya berada di antara suatu obyek, maka benda itu akan spontan naik ke atas sampai beberapa sentimeter dari tanah, kelayang ke sana ke mari di udara kosong, dengan cepat dan keras sekali. Ochorowicz akhirnya berhasil mengkonstatir bahwa di dalam ruang antara kedua tangannya selalu ada suatu perwujudan yang tak kasat mata, tetapi serasa mirip seutas benang lembut yang sewaktu akan diteliti lebih jauh, tiba-tiba menghilang. Tetapi pernah si peniliti merasakan sejenis geseran benang yang lembut di atas kulitnya, ketika Stanislawa menggerakkan sepasang tangannya di atas tangan si peneliti. Ochorowicz pun berpendapat bahwa ada semacam medan sinar di sekitar sepasang tangan si gadis, yang kadang-kadang tampak berkilau atau bercahaya mirip dengan aura. Memang hanya sepintas saja tampaknya, karena gejala adanya medan sinar itu tidak permanen dan hanya akan muncul, jika Stanislawa mulai berkonsentrasi untuk mengadakan eksperimen.

Medan penyinaran seperti di atas terbukti dipunyai juga oleh Eusapia Paladino, seorang wanita medium mashur yang berasal dari Napoli, di Italia. Ini terjadi pada sekitar masa Perang Dunia I. Juga wanita ini, pada masa pubertasnya telah mulai memperlihatkan kebolehan bakat mediamiknya. Pada eksperimen yang diadakan di Amerika Serikat, diberitakan bahwa dari punggung Esapia, muncul sebuah organ tubuh baru yang kemudian masuk kembali. Gejala semacam ini biasanya disebut *pseudmpodium* (sanggahan semu), dengan mana bisa jadi benda-benda di kamar itu digerakkan atau diangkat. Demikian tulis Muller.

Pada percobaan-percobaan yang dilakukan kemudian, misalnya di beberapa universitas di Amerika dan di Uni Sovyet, gejala-gejala penampilan aneh seperti di atas, telah berhasil difilmkan. ''Dari paha, atau lengan medium, para hadirin melihat munculnya perwujudan mirip pipa atau tongkat, yang agaknya bersifat elastis dengan warna kelabu atau hitam, namun hanya tampak samar-samar saja bagaikan bayangan. Mereka berfungsi sebagai alat-alat pembantu pada acara pengangkatan atau pemindahan benda''.
Membaca deskripsi perwujudan tadi, kita serasa didorong untuk membandingkannya dengan gejala penampilan ectoplasma yang juga muncul dari tubuh medium. Dua peristiwa gejala penampilan ini merupakan materialisasi yang diciptakan oleh pengerahan daya psikis mediumnya, yang selanjutnya digunakannya sebagai alat pembantu paranormal. Crawford, seorang ahli fisika Inggris, telah banyak melakukan penelaahan mengenai masalah ini. Melalui eksperimen ilmiah yang ketat, ia berhasil memastikan bahwa pada saat eksperimen levitasi berlangsung, maka si medium akan kehilangan bobot sejumlah kilogram, yang sama dengan jumlah kilogram yang diberikan kepada benda yang dilevitasikannya. Ini terjadi secara bersamaan waktu. Kathleen Coligher, seorang medium wanita dengan *membentuk pipa atau tongkat paranormal yang keluar dari tubuhnya,* berhasil mengangkat sebuah meja. Selama berlangsungnya eksperimen ini, ia kehilangan sembilan kilo dari bobot badannya, sebaliknya mejanya, setelah diukur dengan cermat, terbukti mendapatkan tambahan bobot sembilan kilogram juga. Mungkin hal ini dapat dikemukakan sebagai bukti bahwa si medium mengalihkan sebagian dari berat badannya kepada materialisasi pipa atau tongkat yang diciptakannya, dan selanjutnya dimanfaatkan sebagai alat pembantu prestasi levitasinya. Crawford menamakan ciptaan tongkat dan pipa itu sebagai *alat penyanggah psikis*, yang olehnya juga dianggap sebagai alat yang membangkitkan ketukan dan lain sebagainya.

Satu penjelasan lain yang mungkin bisa diterima, ialah apabila si medium bekerja di dalam kondisi trance, maka badan sentralnya melayang keluar dan membuat penampilan gejala levitasi. Tetapi badan astral ini seharusnya kuat sekali. Bayangkan, kalau pada banyak eksperimen yang digunakan ialah meja-meja berat, bahkan juga piano yang ada kalanya masih ditambah lagi dengan beerapa orang dewasa yang duduk di atasnya. Itu pun masih mampu digayutkan ke sana ke mari dan diangkat naik.

Psikokinesi, juga pernah dihubungkan dengan apa yang secara populer disebut sebaga, cara kesembuhan paranormal atau kesembuhan melalui doa. Dalam dua hal di atas, dokternya berkonsentrasi diri pada si pasien secara mental. Setelah selesai, memang banyak menyatakan dirinya telah disembuhkan. Dengan daya psikokinesi, susunan sistem perototannya agaknya telah berhasil digiatkan kembali, tumornya ditiadakan dan gejala kepala pusingnya dihilangkan. Sekarang bahkan telah ada, apa yang disebut cara *pembedahan psikokinetis*! Jose Arego, seorang dari Brasilia, adalah contoh yang paling baik. Tanpa pembiusan maupun sterilisasi, Arego melakukan cara pembedahan dengan menggunakan pisau dapur dan gunting biasa. Pasiennya tidak merasa sakit, lagi pula cepat sekali sembuh. Meskipun tentang Arego telah banyak ditulis, sampai saat ini belum terdengar adanya suara minor mengenai terjadinya penipuan. Kalau semua yang dikatakan orang memang merupakan realita apa adanya, maka masih ada satu pertanyaan yang perlu dijawab, yakni: ''Apakah peristiwa itu benar-benar bersifat psikokinetis''. Cara kerja Arego membuat kita lebih cenderung berfikir mengenai adanya daya hipnosa yang tuntas dan bukan mewujudkan kegiatan paranormal.

Apa yang dilakukan oleh John Osborn dan Billy Graham, merupakan satu jenis lain lagi. Mereka menyatakan bahwa dengan berkonsentrasi kepada Tuhan, mereka akan mampu menyembuhkan pasien. Johan Maasbach, rekan mereka di negeri Belanda, juga mengatakan: ''Kami berdoa kepada Tuhan dan menyembuhkan orang dari jarak jauh''.
Dalam cara-cara kerja yang bersifat begitu sensasional, kemungkinan besar tersembunyi juga unsur sugesti di baliknya. Banyak memang yang pada saatnya berlangsung kebaktian kesembuhan menyatakan telah disembuhkan, tetapi setelah lewat beberapa jam atau hari, mereka kembali pada kondisi semula yang sakit. ''Terlalu tipis kepercayaannya'' kata para pendeta aliran ini. ''Siapa yang percaya, pasti mampu bertahan'', itulah ucapan penutupnya.

Menurut penilian banyak ahli parapsikologi, maka kemampuan psikokinetis bukan semata-mata bakat tetapi akan dapat dipelajari juga. Jacobson dari Swedia, misalnya mengatakan: ''Yang menentukan adalah tekad pribadi orang yang bersangkutan. Rasa ragu atau kurang percaya akan menghambat daya cipta, sedang rasa yakin akan meningkatkan kondisi kemampuannya".

Agaknya ucapan-ucapan di atas tidak akan banyak dipercaya orang. Dan masalahnya pun tidak akan bisa terselesaikan, meskipun gejala penampilan psikokinetis acapkali dilakukan di bawah pengontrolan ilmiah yang teramat ketat. Misalnya saja, dewasa ini di Uni Sovyet masih sedang berlangsung macam-macam cara penelitian yang terarah pada pembuktian kebenaran atau kesalahan hipotesa-hipotesa parapsikologis yang ada, dengan menggunakan segala macam peralatan yang paling mutakhir dan peka untuk mengadakan segala macam testing yang dianggap perlu. Sergeyev, seorang neurolog Rusia, telah melakukan banyak sekali percobaan dengan Nelya Michaelova, seorang medium wanita yang sangat berbakat untuk memperagakan bakat-bakat psikokinetisnya, di bawha kondisi laboratoris. Percobaan-percobaan dengan Nelya berhasil menggali pengetahuan bahwa pada saat berlangsungnya eksperimen, tubuh Nelya dikelilingi oleh suatu medan magnetis yang daya kekuatannya sama dengan 10% dari seluruh daya medan magnit yang mengelilingi bola dunia kita, sementara taraf ketinggian pemancaran getaran-getaran organ perotakannya menjadi 10 kali lebih tinggi, dengan apa yang dimiliki orang pada umumnya.

Sayang, bahwa selanjutnya tidak diberi penjelasan apa sebetulnya sumber energi yang disebut psikokinesi itu, dan bagaimana cara kerjanya. Juga tidak ada keterangan mengenai apakah gejala-gejala yang dibangkitkan oleh psikokinesi dapat diterangkan dengan ilmu fisika atau tetap masih harus ditempuh jalan penjelasan yang paranormal juga.

Dengan kata lain, kita tahu bahwa sampai saat ini, dunia ilmu pengetahuan masih harus tanggung jawab atas masalah telepati maupun psikokinesi.

Bab 6
Suara-suara Paranormal

Kecaman yang paling banyak terdengar terhadap ilmu parapsikologi ialah bahwa ilmu ini sifatnya masih buram. Bahkan ada yang lebih tajam lagi, yang menyatakan bahwa parapsikologi sama sekali bukan ilmu. Paling-paling hanya suatu hobby/kelangenan yang terlalu banyak berpretensi dari sejumlah penggemarnya.
Yang berhak disebut ilmu ialah disiplin pengetahuan yang dapat menyerahkan bukti-bukti konkrit dan meyakinkan. Ini berarti bahwa para ilmuwan dengan segala macam instrumentariumnya sebagai pembantunya, harus dapat memberi jawaban yang seragam dan terpadu atas semua pertanyaan dan hipotesa yang diajukannya. Ini pun masih harus dipadukan dan bisa diverifikasi oleh semua orang yang punya niat. Menurut pendapat para pengecam, justru pada persoalan yang terakhir ini parapsikologi masih tidak berdayaguna.
Pandangan menuntut bukti konkrit di atas, disebut pandangan ilmiah empirisis, dimana orang mengartikannya bahwa metode maupun hasil penelitian yang dicapai harus dapat diukur seobyektif mungkin. Dalam ruang liput pengertian seperti ini, maka hipotesa maupun hasil penelitian parapsikologi hanya bisa dianggap sebagai konsep-konsep yang spekulatif belaka, karena dasar datanya sendiri masih meragukan sifatnya. Bisa jadi, para peneliti ilmu parapsikologi juga bekerja dengan metode dan teknik yang empirisis, tetapi persoalan bakunya yang dikemukakan dengan pertanyaan-pertanyaan *Apa?* dan *Bagaimana?*, tetap saja tak terjawabkan.
Misalnya saja, kenyataan adanya telepati sudah diakui umum, sejak berabad-abad lamanya. Bahkan golongan pengecam mengakuinya. Tetapi, begitu dalih mereka selanjutnya, apakah orang bisa diyakinkan hanya dengan konstatasi saja? Akhirnya konstatasi tersebut sebagai patokan ilmiah murni, takkan punya guna sama sekali. Ini belum lagi

kalau ditingkatkan pada pertanyaan-pertanyaan seperti misalnya: Bagaimana cara kerja telepati? dan Mengapa hanya ada sedikit orang yang mampu dan yang lain tidak?

Latar belakang seperti ini terasa melukai sekali bagi para ilmuwan yang ingin menembus pengertian lebih tuntas tentang gejala-gejala paranormal, yang nyatanya memang ada tapi tidak diakui ada. Maka tidak mengejutkan, apabila para ahli parapsikologi tergugah semangat mereka ketika pada dasawarsa 60-an terjadi satu penemuan spektakuler di lingkungan parapsikologi sendiri, yakni: Apa sebenarnya yang disebut suara-suara paranormal, yang berhasil dibuktikan keberadaannya melalui perekaman elektronis dan ilmiah?

Tahun 1959, Friedrich Jurgensen, seorang kineas dan pelukis dari Swedia, mendapat satu pengalaman yang luar biasa, ketika ia mendengarkan rekamannya sendiri pada tape recorder, Jurgensen adalah seorang ornitholog amatir yang antusias sekali. Dan ia sering meluangkan waktu untuk merekam kicau burung di hutan-hutan Swedia. Ia harapkan rekaman yang diputarnya itu, juga akan menyajikan kicau burung yang belum lama berselang ia rekam. Tetapi kali ini, disamping suara kicau burung, ia juga mendengar suara dengung yang asing sekali bagi telinganya. Ia menduga, tentu ada kekeliruan pada pesawat tape recordernya. Penelitian pada pita maupun pada pesawat perekamnya, hasilnya nihil belaka. Lagi pula ia merasa yakin sepenuhnya bahwa pada saat ia merekam, ia tidak merasa pernah mendengar suara dengung itu. Berulang-ulang ia mendengarkan hasil-hasil rekamannya. Sampai pad‘ satu kesimpulan yang mengejutkan sekali. Suara itu bukan dengung, tetapi suara bicara manusia yang sangat pelan sekali. Begitu pelan sehingga nyaris tak terdengar. Dan, yang lebih janggal lagi, salah satu diantaranya adalah milik mendiang ibyunya yang telah lama meninggal. Kata ibunya: ”Fried, sayangku, kamu dapat mendengar?”

Sesudah pengalamannya yang membuat ia terheran-heran itu terjadi, Jurgensen mulai mengadakan eksperimen-eksperimen yang serius dan terarah. Ternyata dapat juga diadakan dialog dengan suara-suara itu! Kebanyakan suara, adalah milik sanak keluarga yang telah meninggal, tetapi ada kalanya ia juga merekam suara-suara yang mengaku dirinya orang penting di jaman lalu, seperti misalnya Adolf Hitler. Reaksi lingkungan sangat skeptis bahkan negatif. Tak masuk akal. Apalagi di abad ke-20, yang begini rasional. Kesimpulan mereka ialah seperti berikut: ”Kalau bukan Jurgensen yang edan, tentu mereka yang gila!”

Hal yang oleh Jurgensen ditemukan secra kebetulan, sebetulnya sudah menjadi satu gagasan yang menggelitik benak Thomas Alva Edison, penemu alat gramofon, sejak tahun 20-an. Dia pun punya idaman cita-cita untuk menemukan suatu alat, sehingga ia akan dapat mengadakan kontak ke dunia baka dan berhubungan dengan roh-roh orang yang telah mati. Juga Guglielmo Marconi, penemu pesawat radio punya cita-cita yang sama. dan pada tahun 1936, Sir Oliver Lodge, tokoh ilmu fisika Inggris juga mengatakan: "Pada suatu saat kelak, kita harus menemukan suatu alat, sehingga kita akan bisa membuat suara mereka yang telah mati, terdengar".
Ternyata dari alam sana, terdapat keinginan agar manusia berhasil menemukan suatu aparat yang membuka kesempatan bagi mereka, untuk dapat memperkenalkan diri kepada kita. Kesimpulan ini dapat ditarik dari berita maupun wawancara yang berhasil direkam. Antara lain dikatakan oleh fihak alam sana, bahwa mereka amat gembira dengan adanya penemuan tape recorder. Lalu, apa cara terbaik untuk dapat merekam suara mereka. Kemudian, bagaimana cara terbaik untuk mensukseskan rekaman. Betapa mentertawakan semua ini, tetapi sesuai sekali dengan teori yang banyak terdengar, bahwa komunikasi dengan alam kelanggengan sangat tergantung kepada kemampuan teknis kita di dunia.

Cynthia Pettiward, dalam karya tulisnya yang berjudul "Exorcism", menerangkan bagaimana sepanjang perkembangan peradaban manusia, selalu saja manusia berupaya mencari jalan untuk dapat memanggil kembali roh-roh orang yang telah mati. Segala macam cara ditempuh. Dengan ditemukannya pesawat tape recorder, orang telah berhasil menerobos satu lapangan penelitian yang sama sekali baru. Demikian antara lain tulis Pettiward.

Pada tahun 1964, Jurgensen menerbitkan bukunya yang berjudul "Rosterna Fran Rymden" (Suara-suara dari Jagat Raya), yang sekarang menjadi amat mashur di seluruh pelosok bumi. Berdasar uraian-uraian yang terdapat di dalam buku ini, Dr. Konstantin Raudive (1909-1974), mulai dengan eksperimen-eksperimennya sendiri. Raudive juga warga negara Swedia, kelahiran Letlandia, adalah psikolog dan semasa studinya di Inggris, telah terpikat oleh disiplin parapsikologi. Setelah yakin akan kejujuran Jurgensen, maka ia memutuskan untuk mengadakan eksperimennya sendiri. Sampai wafatnya pada tahun 1974, ia telah berhasil merekam lebih dari 120.000 macam suara, yang cara perekamannya sering juga dihadiri oleh para ilmuwan lainnya, ahli teknik elektro dan disiplin lainnya. Suara-suara yang sering hanya nyaris terdengar menggunakan macam-macam bahasa. Juga pada eksperimen Raudive, yang muncul suaranya kebanyakan adalah sanak keluarga atau kenalan yang telah meninggal. Di dalam dua buku yang diterbitkannya pada tahun-tahun 1968 dan 1973 dengan judul-judul ''Unhorbare wird horbar'' (Yang Tidak Terdengar Menjadi Terdengar) dan ''Uberleben wir den Tod?'' (Apakah Kita Masih Akan Hidup Sesudah Mati?), Raudive memberi banyak contoh mengenai hasil-hasil rekamannya, dan penelitiannya. Yang menarik perhatian, ialah digunakannya macam-macam bahasa oleh fihak sana, yang sering cocok dengan bahasa-bahasa yang dikuasai oleh penelitinya. Raudive dilahirkan sebagai orang Letlandia, kemudian jadi warga negara Swedia, yang menetap di Jerman, sering sisapa dan diajak bercakap-cakap dengan tiga macam bahasa itu. Mendiang ibunya misalnya, mengajaknya berbicara dengan cara seperti berikut: ''Hjalpu, Kosti. Tavs ir. Mias tja Toti. Kostja, te towa mote''. (Secara berurutan bahasa-bahasa yang digunakan ialah Swedia, Letlandia, Rusia, Artinya: ''Tolong Kosti, (Konstantin). Ayah ada. Kami di sini, orang-orang mati. Kostja, ini ibumu''.

Pada dasarnya, masalah perekaman suara bukan lagi merupakan masalah yang sukar. Ini pun berlaku bagi cara perekaman suara yang diandaikan datang dari alam baka. Tape recorder yang paling sederhana pun jadi. Yang penting, supaya tape recordernya dan terutama mokrofonnya, entah itu ada di dalam atau di luar pesawat perekamnya, harus ditempatkan sesuai dengan jarak normal untuk berwawancara. Taruh pesawat perekam di tempat yang tenang. Itu saja. Disamping yang serba sederhana ini, oleh Raudive juga telah dikembangkan metode-metode lainnya. Antara lain dengan menyambungkan tape recordernya dengan radio. Cari ruang antara dua stasiun penyiaran misalnya, riang yang biasa disebut *desau putih* atau *desau kosong*. Atau juga bisa dicarikan gelombang setasiun radio yang belum mulai siaran tetapi sedang membuat persiapan, dengan menempatkan beban frekuensi siarannya. Ada pula cara-cara yang lebih rumit, misalnya dengan menggunakan antena-antena khusus, katakan dengan sistem dioda. Pada hakekatnya, hasil-hasil penerimaannya tidak akan banyak berbeda, apa pun sistem yang diterapkan, bahkan yang paling sederhana, punya pokok kelebihannya tersendiri, karena secara teknis akan jadi jauh lebih mudah.

Masalahnya akan berbeda, kalau sasaran kita adalah komunikasi langsung yang timbal-balik. Dengan pesawat perekam biasa, kita akan memerlukan relatif jauh lebih banyak waktu untuk mendengarkan. Sekali dengar, dapat dikata tidak kan berhasil menangkap pesan berita yang sangat lirih itu. Karena tidak dapat terdengar secara segera dan langsung, maka kalau kita mengadakan wawancara, bisa saja terjadi maslaah interupsi pembicaraan. Dalam hal penyelenggaraan wawancara, yang terbaik tentunya kalau suara-suara fihak sana dapat diperkeras secara langsung. Dalam hal ini, ide sistem tilpon, mungkin bisa membantu.

Eksperimen perekaman suara sistem apa pun yang kita tempuh, yang paling menyita waktu ialah masalah mendengarkan kembali hasil suara dari seberang sana, Raudive sendiri pada tahap awal percobaannya selama tiga bulan berturut-turut, selalu tidak pernah berhasil mendengarkan berita dari alam sana yang disampaikan kepadanya. Raudive pernah mengemukakan pertanyaan, apakah roh-roh di alam sana juga menemukan kesulitan dalam usaha berkomunikasi dengan kita, ia mendapat jawaban yang memastikan. Raudive menulis: ''Kesulitan paling baku terletak pada masalah mendengarkan kembali berita yang diterima. Indra manusia hanya dapat menangkap jangkauan frekuensi yang sangat terbatas, sedangkan frekuensi suara-suara yang direkam masuk, umumnya punya jangkauan frekuensi yang jauh lebih cepat. Aku telah berhasil mengkonstantir bahwa acara penyesuaian frekuensi ini akan menyita waktu, minimal 3 bulan''. Demikian kata Raudive.

Yang paling sulit diatasi adalah suara desau/dengung yang selalu terjadi. Pesawat perekam yang menggunakan sistem dolby memang dapat meniadakan atau menekan dengung itu, tetapi bisa jadi sistem ini, juga akan meniadakan suara-suara yang tibanya amat pelan. Cara terbaik untuk mengatasi dengung ini, ialah dengan segera berusaha mengisolasikan satu atau lain fragmen suara yang terdengar di antara dengung, memindahkannya ke pita rekaman lain yang memperkerasnya. Sekali lagi, cara mendengarkan kembali, menuntut konsentrasi sepenuhnya dan karenanya jadi sangat melelahkan sekali. Sungguh tidak mudah, untuk selama berapa menit terus-menerus mendengarkan suara dengung tanpa terkacau konsentrasi. Juga khayalan kita sendiri sering ikut berperan negatif. Kemungkinan adanya suara gangguan mekanis, juga tidak boleh diabaikan. Juga suara-suara dari luar kamar, suara batuk kecil dari salah seorang hadirin dan lain sebagainya, bisa ikut mengganggu. Kesimpulan yang dapat ditarik dari penjelasan di atas, ialah bahwa dalam melakukan cara perekaman, kita harus benar-benar memerlukan tempat yang tenang.

Mengingat waktu untuk mendengarkan hasil rekaman akan menyita banyak sekali waktu, maka alangkah baiknya kalau kita membatasi waktu rekamannya. Berdasar pengalaman kami, jangka waktu sekitar 5 sampai dengan 10 menit, sudah lebih dari cukup. Dalam hal ini, tentu saja kualitas suara yang kita terima dari alam sana ikut punya peran yang cukup menentukan.

Kualitas suara, biasanya kita bedakan menurut tingkat kekerasannya. Ketentuan urutan kualitasnya kita bagi sebagai berikut, suara-suara kualitas A, B, dan C. Suara kualitas A adalah suara wajar kalau kita tinjau dari sudut volumenya. Tetapi ada satu ciri khas suara yang datang dari alam sana, yang tidak bisa ditiadakan yakni singkatnya penggunaan kata-kata dan nada yang metalik. Suara kualitas B lumayan baik, tetapi yang berkualitas C adalah suara yang berbaur dengan dengung atau dengan suara lain, mirip suatu cara pembicaraan lewat tilpon yang silang menyilang, atau rekaman lapis dua kali yang tidak sempurna. Satu kesulitan tambahan yang tidak bisa dihindari ialah bahasa multi lingual yang umum diterapkan oleh seberang sana.

Sudah kami singgung sebelumnya, bahwa bahasa yang digunakan oleh mereka di seberang sana adalah multi lingual, bahkan juga poliglot (pembauran banyak bahasa dalam satu kalimat). Biasanya, bahasa yang digunakan adalah yang dimengerti oleh si penerima berita. Pada Konstantin Raudive misalnya, banyak diterima pesan berita dengan bahasa Rusia (bahasa ibunya), bahasa Letlandia (bahasa tempat kelahirannya), bahasa Swedia (kewarganegaraannya) dan bahasa Jerman (bahasa tempat tinggalnya). Tetapi Raudive juga pernah menerima rekman suara yang berbahasa Inggris, yang dikatakan berasal dari Sir Winston Churchill. Bunyinya sebagai berikut: ''Hear, mark you, make believe, my dear, yes''.
Tetapi pada umumnya berita yang masuk, banyak yang bersifat poliglot. Menurut ajaran parapsikologi, gejala poliglotisme ini dapat dimasukkan ke dalam kategori xenoglosi responsip (penggunaan multi bahasa yang bersifat spontan). Dipandang dari sudut penginterpretasian, masalah gejala penampilan suara paranormal ini akan terbukti bahwa adanya dasar xenoglostik ini akan dapat mendukung hipotesa mengenai adanya roh-roh dari alam sana yang memang sedang langsung berbicara. Hal ini pernah juga kami singgung pada masalah pemutaran cangkir, papan ouija dan koresondensi silang. Dipercayai bahwa dalam masalah ini tidak akan mungkin ada pengaruh si medium, karena dia sendiri sama sekali tidak tahu akan bahasa itu. Pernah kami menerima sebuah berita

dalam bahasa Swahili, jenis bahasa yang sama sekali asing bagi kami, sadar namun di bawah sadar. Kami sendiri baru tahu isi beritanya, setelah bertanya ke sana ke mari.

Berita yang diterima umumnya singkat, bahkan mendekati sistem telegrafis saja. Di bawah ini sebuah contoh yang cukup menarik, yang berhasil direkam Raudive. Suara yang didengar, dikatakan milik Lev Tolstoj, seorang pengarang mashur dari Rusia (1828-1910).

"Raudive, ini Tolstoj"
"Di sini keluarga Tolstoj!
Di sini orang memuji Kosti".
"Di sini Tolstoj! Hebat benar di sini!
Anda mau menetap di sini?"
"Tolstoj. Konstantin, tulislah".
"Di sini Tolstoj".
"Aku telah mendengar, Kosti".
"Anda seorang pengarang.
Saudara, terbitkanlah!"

Berita memang samar-samar dan singkat, tapi masih bisa dimengerti. Ritme suaranya juga cepat sekali, kata-kata yang diucapkan sering liput-meliput. Ditambah lagi dengan dengung, dan sifatnya yang multi lingual memang sering menyulitkan si penerima berita. Mengapa?
Menurut penjelasan suara-suara itu sendiri, kita harus berani mengandaikan suara-suara itu datang dari seberang kematian! Ada dua alasan yang bisa dikemukakan. Satu, mereka sangat bergembira sekali dengan adanya cara berkomunikasi ini, tetapi masih jauh dari sempurna secara teknisnya! Ini yang pertama. Kedua, Energi. Energinya masih kurang sekali. Apakah ada hubungannya dengan masalah Frekuansi, Posisi Aparat, Cara perekamannya? Belum jelas. Semua sudah dicoba, tetapi hasilnya masih tetap begitu-begitu juga. Bagaimana cara memperbaikinya? Pertanyaan ini pernah diajukan oleh Raudive dan rekan-rekannya. Jawabannya memang jelas sekali, tetapi juga misterius sekali: "Keputusan harus diambil oleh para teknisi". Juga terlihat di dalam jawaban kedua ini, ialah masalah penyesuaian. Mungkin hal ini berlaku untuk kedua belah fihak, mereka maupun kita. Telah kita ketahui bahwa orang yang baru saja mati, harus juga melalui suatu masa penyesuaian di dalam sana. (lihat Bab I). Apalagi kalau matinya secara tiba-tiba. Tentang ini, di dalam salah satu karangannya, Tenhaeff memberikan satu contoh yang amat baik.

"Ada seorang yang seperti biasanya pulang dari kantor pada jam 17.00. Suatu saat, pada waktu ia menyeberangi satu jalan yang ramai kendaraan, ia mendengar bergeritnya suara erm disusul sebuah dentuman dan suara-suara yang ramai, yang sedang terkejut. Bagi dia sendiri, tidak terasa adanya hal apa pun yang menimpa dirinya. Setelah sampai di seberang, orang itu menoleh. Dilihatnya bahwa di belakangnya telah terjadi suatu kecelakaan mobil. Tentu ada orang yang tertabrak, pikirnya, dan dia mengucap syukur bahwa bukan dirinya yang tertabrak. Bergegas ia pulang ke rumahnya. Sesampainya di rumah, ia melihat isterinya berpura-pura tidak tahu akan kedatangannya, bahkan sama sekali tidak bereaksi ketika ia menyentuh isterinya. Dengan kejut-kejut heran, ia duduk di kursi. Tidak lama kemudian, bel pintu berdering dan dua orang agen polisi masuk, lalu memberitahukan sesuatu kepada isterinya. Baru setelah melihat isterinya menangis, tersadarlah dia, bahwa yang tertabrak mobil tadi adalah dirinya sendiri. Dan baru pada saat itu juga, ia melihat banyak orang berkerumun di sekitarnya. Ternyata mereka juga seperti dia, ialah roh-roh orang yang telah mati. Mereka membantu dan menolong dia untuk menyesuaikan diri di alam yang sama sekali baru itu. Kisah ini diceritakan oleh roh seorang pada seorang medium, di dalam satu acara seance.
Dua hal tersebut di atas, yang mengganggu pengiriman maupun penerimaan berita dari alam sana. Banyak eksperimen telah dilaksanakan di mana-mana, mengenai sumber dan bentuk energi yang bagaimana yang paling sesuai. Tetapi masalah ini sampai saat ini, juga belum terselesaikan. Oleh karena itu, dalam mengadakan eksperimen sendiri kita hanya dapat membatasi gangguan saja. Teknis maupun fisis. Alat modulasi suara yang disebut spectogram, misalnya bisa membantu melancarkan dan lain sebagainya.

Eksperimen-eksperimen di negara-negara maju, sering dihadiri oleh banyak ahli dari berbagai macam disiplin, misalnya bidang-bidang parapsikologi, psikologi, elektronik dan lain sebagainya, yang secara pasti telah membuktikan bahwa suara-suara itu nyata ada, dan bukan disebabkan oleh penipuan, halusinasi atau suara-suara biasa atau atmosferis yang menyeruak masuk. Seorang teknikus Inggris, menyatakan: "Telah kucoba dengan segala macam cara yang kuketahui, untuk mengungkap misteri suara-suara itu. Saya percaya, orang lain pun telah melakukan hal yang sama. Tidak ada satu pun yang berhasil. Kukira, kita memang harus belajar menerima kehadiran suara-suara itu sebagaimana adanya".
Kami percaya bahwa sebelum kita lebih jauh meneliti hal asal-usul suara

itu secara teknis, alangkah baiknya kalau kita lebih dulu mengaji isi berita-berita yang telah berhasil diterima. Bisa jadi, isi-isi berita itu akan dapat memberi satu kunci ke arah asal-usul suara-suara itu, secara teknis.

Satu gejala umum yang kita temui pada tahap awal perekaman ialah banyaknya macam suara yang berebut bicara, seakan-akan tidak ada habis-habisnya yang menantikan gilirannya untuk ikut berbicara. Kerapkali suara itu akan memperkenalkan diri dengan menyebut nama, atau bukti diri ketika dulu si pemilik suara itu masih hidup di dunia. Dan ternyata berhasil dibuktikan oleh Raudive, bahwa hampir semua suara yang menembus dan terekan, memang milik orang-orang yang sudah mati. Hanya sekali saja, Raudive pernah mengira bahwa satu suara yang kebetulan masuk adalah milik seorang yang masih hidup dan dikenalnya. Ternyata setelah diselidiki, terungkap kenyataan bahwa orang itu telah meninggal dunia beberapa saat sebelum eksperimen itu dilaksanakan.

Tidaklah terlalu mengherankan kiranya, bahwa banyak berita yang diterima, berbicara hal hidup masa lalu di dunia dan juga mengenai hidup baru di alam sana sekarang ini. Contoh-contoh berita yang karakteristik, misalnya: "Hidup di sini sama dengan kebahagiaan, takkan pernah mati". "Kami adalah orang-orang mati", "Di sini tidak ada kematian", "Mati itu omong kosong", "Bayangkanlah, aku masih ada" dan "Ante-dunia memang ada". Atas sebuah pertanyaan Raudi†c mengenai kemungkinan adanya beberapa tahap kehidupan bagi manusia sesudah hidup di dunia, datang jawaban dalam bahasa Letlandia yang mengatakan "Pareizi tu rana" (Itu betul). Banyak suara berbicara mengenai agama, tetapi juga banyak yang menyatakan dirinya anti agama. Juga ada yang berbicara tentang perang dan kekerasan. Jadi agaknya cukup jelas bahwa di alam sana bukannya kebahagiaan melulu. Ada yang berkata: "Luar biasa enak dan nikmat di sini!", atau "Kami berbahagia! Kami hidup!" Namun ada pula yang berkeluh, "Di sini ngeri sekali", atau "Aku payah sekali di sini!" Hans Kennis, seorang Belanda, di dalam satu siaran acara televisi mengenai suara-suara dari alam baka, yang diselenggarakan oleh NOS, pada tahun 1974, bertanya, "Apakah kalian hidup di Hades? (Hades, neraka mitologis bangsa Yunani Kuno). Satu suara wanita yang terdengar histeris sekali, menjawab, "Hades? Yaaaa".

Dari banyak berita maupun jawaban yang diterima, agaknya dapat disimpulkan bahwa si pemilik suara memang hadir di tempat. Mereka

bisa melihat dan mendengar. Ini agaknya mengingatkan kita pada sebuah karangan dari Jean Paul Sartre, tokoh ahli filsafat aliran existentialisme. Ahli pikir Perancis ini pernah menulis di dlam bukunya yang berjudul ''Biji Dadu Telah Dilempar'', yaitu ''Rumah-rumah dan jalan-jlan bukan hanya dihuni oleh orang-orang hidup, tetapi juga oleh yang mati yang dulu pernah di situ''. Pada eksperimen-eksperimen, juga diterima berita-berita seperti misalnya: ''Kami bersama kalian'', atau ''Kami ada di dalam kamar'' dan ada juga ''Kami di sini bersama ribuan lainnya, terserap masuk ke dalam perut bumi!'' Juga ada kalanya mereka berbicara mengenai keadaan tempat eksperimen, para hadirin dan tata ruangnya. Bahkan ada yang mengejek keterbatasan orang hidup. Misalnya dengan kata-kata sebagai berikut: ''Lihat itu si Kosti, dia buta! Kosti tak mampu melihat kami''.
Ditinjau secara obyektif, terdapat empat kemungkinan penjelasan mengenai asal-usul suara itu. Dua bersifat umum, dan dua parapsikologis.

Pertama: mungkin telah terjadi penipuan. Gampang sekali terjadi, tetapi juga gampang sekali diketahui belangnya. Dan tidak akan bisa terjadi, kalau eksperimennya dilakukan di bawah pengontrolan ketat. Klau menggunakan radio misalnya, bisa dengan sengaja menempatkan jarum petunjuk gelombang secar tidak tepat, misalnya terlalu dekat dengan gelombang setasiun pemancar. Juga hal ini akan mudah sekali diketahui.

Kedua: mungkin terjadi kealpaan. Secara tidak disengaja, suatu setasiun pemancar radio, lagi-lagi dapat memberi kesan sebagai suatu rekaman yang otentik. Benda-benda elektronik lainnya, seperti misalnya AC, televis dan lain sebagainya, bisa berfungsi sebagai penyalur suara dari luar. Tetapi semua ini bisa dicegah dengan ketelitian.

Tentang aspek teknis rekaman suara-suara paranormal itu, profesor ilmu fisika Schneider, yang juga rekan kerja dekat, Raudive, mengatakan: ''Pada esensinya, gejala rekaman suara tak dapat diterangkan berdasarkan hukum-hukum ilmu fisika. Memang, kemungkinan selalu ada, dimana sebuah pesawat perekam tanpa sengaja akan mencatat/merekam masuk satu atau lain suara yang kebetulan disiarkan oleh satu atau lain gelombang radio. Tetapi hal seperti itu akan mudah diketahui. Tetapi berdasarkan isi-isi berita yang tidak sedikit jumlahnya, yang hampir semuanya relevan dengan suasana alam sana, maka mau tidak mau kita harus bersikap lain terhadap suara-suara itu''.
Kalau kita beranjak dengan sadar parapsikologis, maka kita juga akan

menjumpai dua kemungkinan. Dan justru dua kemungkinan yang sejak bertahun-tahun telah menjadi bahan argumentasi di kalangan disiplin ilmu itu sendiri, yakni teori spiritisme atau teori psikokinetis.

Teori Psikokinetis:

Teori ini mengatakan bahwa gejala-gejala paranormal ditimbulkan oleh orangnya sendiri dan bukan datang dari luar. Pendukung utama teori ini ialah Hans Bender, ahli parapsikologi termashur dari Jerman Barat. Dia juga pernah mengadakan eksperimen hal suara-suara dengan Raudive.

Terhadap pendapat Bender dan sejumlah ahli parapsikologi lainnya, terdapat juga sejumlah dasar alasan penyanggahnya/yang menentangnya. Fihak ini mengatakan bahwa bakat psikokinetis tidak dimiliki oleh banyak orang. Berbagai macam eksperimen di dalam bidang ini, telah membuktikannya. Tetapi, pada masalah perekaman suara ini, setiap orang dapat melakukannya. apakah setelah ditemukan tape recorder, lalu setiap orang juga serentak punya bakat psikokinetis. Satu anggapan yang terlampau naif, bukan?

Ini masih harus ditambah pula, bahwa rekaman suara bisa dilakukan tanpa hadirnya seorang pun. Tanpa hadirnya seorang pun, bagaimana bisa terjadi pengaruh psikis?

Yang sangat menarik ialah bahwa suara-suara itu mampu memberi tangPgapan juga atas dasar pandangan Bender, khususnya mengenai kemungkinan bangkitnya konsep psikokinesi, antara lain sebagai berikut:

"Raudivc, itu omong kosong. Bender sudah terlalu tua. Usahakan supaya anda mendapat rekan lain." Dan Bender ada di situ. Tidak ada hal baik yang bisa diharapkan dari dia."

Kalu kita telah mengaji semua bahan pertimbangan di atas dengan serius dan obyektif, maka marilah sekarang kita meneliti pendapat mereka yang berpangkal pada pandangan spiritisme, khususnya untuk masalah untuk masalah gejala penampilan suara-suara ini.

Faktor-faktor kuat yang mendukung ialah: bahwa suara-suara itu terus berganti-ganti. Kedua, ialah bahwa bahasa yang digunakan adalah multi-lingual dan kadang-kadang juga menggunakan bahasa-bahasa yang sama sekali tidak dikenal oleh si pendengar.

Tenhaeff dan rekan seprofesi dari Amerika Seikat, telah berhasil menyusun uraian penjelasan yang cukuo terperinci, bahwa xenoglosi ataupun poliglotisme dapat memberi kita petunjuk-petunjuk yang mengarah kepada adanya hidup sesudah mati (teori post-mortale). Juga Raudive, menyetujui hal ini. dia bahkan tetap menciptakan satu teori tentang adanya dsatu alam lain, yang disebutnya *Ante Dunia* (sesudah dunia) atau juga disebut *Dunia Non-Phisdik*. Di dalam alam non phisik atau Ante Dunia ini, orang-orang yang telah mati di dunia phisik kita sekarang ini, masih tetap berwujud seperti dirinya dulu, hanya tanpa badan wadag. di situ roh-roh itu tetap hidup di dalam lingkungan yang anti-materi juga. Mungkin Raudive sendiri telah menjadi lebih yakin akan kebenaran teorinya ini, karena gejala penampilan suara tadi telah membuka kemungkinan luas lagi untuk menuju ke arah itu. Bukankah Raudive pernah menerima jawaban bahwa Ante Dunia itu ada.?

Upaya penelitian tentang gejala penampilan suara-suara paranormal ini masih dilanjutkan terus. Tidak hanya apanya, tetapi juga Bagaimananya, harus diselesaikan. Kalau usaha-usaha penelitian ini dapat disempurnakan, mungkin suara-suara itu sendiri akan dapat menjelaskannya secara langsung. Bisa jadi, saat ini, berita langsung yang sempat diterima dari Raudive, hanya terbatas pada bisikan namanya saja. "Raudive, Raudive."

Bab 7
Psikosimetri
(RETROKOGNISI, TELEPATI DAN PREKOGNISI)

Di banyak harian maupun majalah, cukup banyak pendapat iklan kecil, di mana ditawarkan jasa-jasa peramal atau ahli nujum. tentu superlatif sifatnya dan dipastikan tidak akan keliru lagi menjangkau masa lampau, sekar ng maupaun hari kemudian seseorang. Ketiga unsur ini memang merupakan faktor -faktor baku dalam acara peramalan. Istilah teknisnya secara berturut-turut ialah retrokognisi, telepati dan prekognisi. Tak pelak yang paling menarik perhatian orang adalah faktor yang paling akhir. Biasanya ramalan para ahli nujum itu akan bersifat remang-remang, tidak pasti dan selalu saja positif. Misalnya saja, ''Harta kekayaan sedang menggapai di kejauhan'', ''Wanita atau pria idaman sudah berada di ambang pintu'', dan ''Satu perjalanan kelilking dunia segera akan ditawarkan'' dan lain sebagainya. Begitu banyak orang yang percaya, dan begitu banyak pula orang yang mau dibuat percaya !

Pada ahun 1912, sebuah kapal yang dipandang termegah, saat itu tenggelam dan menyeret ribuan korban jiwa manusia! Titanic namanya. Oleh para perencananya, pembuatnya dan pemiliknya, kapal itu sebelumnya dinyatakan dengan hati bangga sebagai kapal yang anti tjnggelam. Satu sikap kepongahan manusia yang benar-benar harus dibayar dengan mahal dsekali.

Empat belas tahun sebelumnya, seorang pengarang roman bangsa Inggris, yang bernama Morgan Robertson, menerbitkan bukunya yang berjudul ''Tenggelamnya Kapal Titan''. Sebuah kisah roman yang sedikit sekali menarik perhatian khalayak ramai. Kisahnya berkisar pada sebuah kapal laut yang megah, kapal penumpang mewah yang digerakkan oleh tiga buah baling-baling, yang akhirnya tenggelam di dalam samudera Atlantik, karena di kapal megah itu tidak tersedia cukup banyak sekoci penolong.

Baru setelah tenggelamnya kapal Titanic yang begitu mengerikan, orang ingat pada Margon Robertson. Baru disadari bahwa pengarang itu memiliki kemampuan tembus pandang yang bersifat ke depan. Kapal fiktif ciptaannya bernama Titan, kapal riilnya bernama Titanic. Dua-duanya digerakkan oleh 3 buah baling-baling. Dua-duanya sedang melakukan pelayaran perdananya menyeberangi samudra Atlantik dan dua-duanya tenggelam, karena menabrak gunung es. Keduanya tidak memiliki jumlah sekoci penolong yang cukup banyak.

Satu peristiwa kebetulan atau merupakan sebuah ramalan, untuk hari depan? Yang pertama, mungkin akan jauh lebih bisa diterima, kalau saja tidak ada sejumlah orang lain yang juga telah mendapat firasat yang sama mengenai akan terjadinya bencana laut yang mengejutkan dunia itu. Kira-kira setengah tahun sebelum kapal megah itu ditelan gelombang, di adakan persmian penyerahannya. Pada upacara itu, seorang wanita bernama Ny. Marshall ikut hadir. Dengan rasa cemas, ia tiba-tiba mengatkan kepada orang-orang di sekelilingnya: ''Kapal ini akan gugur sebelum mencapai Amerika.'' Seorang wartawan Inggris bernama Stead, juga ingin ikut. Sebelum ia memesan pasasi, seorang yang tembus pandang mengatakan kepadanya: ''Aku melihat lebih dari 1000 orang, anda ada di antaranya. Semua orang sedang menjerit-jerit sejadi-jadinya dan bergulet mati-matian mempertahankan hidup, tetapi sia-sia. Demikian juga anda. Setelah ramalan ini, Stead sendiri juga bermimpi buruk. Ia seakan-akan sedang berada di atas geladak kapal Titanic yang sedang tenggelam. Tetapi Stead bersikeras ikut. Dan ia tak pernah kembali. Stead tenggelam bersama 1513 orang lainnya, pada tanggal 13 April 1912, malam. Kalau ada sejumlah orang yang sama-sama mendapat firasat, apakah hal seperti itu masih dapat disebut kebetulan?

Ide bahwa ada sejumlah orang di antara kita yang dapat menembus pandang mengenai hari kemudian, sesungguhnya terasa mengerikan juga. Seakan-akan kita melihat suatu gladi resik menjelang malam perdana . Bukan hanya bagi yang menembus pandang atau yang ditembus pandang saja, tetapi juga secara umum, memang terasa mengerikan. Kalau selebihnya masih dikatakan bahwa hal seperti itu pasti akan terjadi dengan apa pun takkan dapat dielakkan, maka tentunya hal seperti mengimplikasdikan pengertian bahwa masa depan setiap orang sudah ditentukan terlebih dulu. Jadi hanya hanya akan ada kodrat dan tidak ada wiradat. Dan kalau hal seperti ini juga berlaku secara umum, secara kolektif maupun perorangan, maka hal ini akan berarti bahwa segala keputusan yang diambil oleh negara maupun perorangan, sama sekali tidak berdasar pada kebebasan kehendak lagi, tetapi semata-mata hanya karena memng sudah ditakdirkan demikian. Jadi tidak ada yang lebih penting daripada suratan takdir, yang mungkin oleh sebagian aliran agama dan filsaah dipandang sebagai *Kehendak Allah*.

Ide atau sebutan teori, benar-benar melukai dan juga bertentangan sama sekali dengan azas kebebasan berfikir manusia. Bagi para pengikut azas kebebasan berfikir ini, telah diyakini dan dihayati sedalam-dalamnya, bahwa mereka punya kebebasan untuk memilih dan mengambil keputusan untuk dirinya sendiri, dan bahwa setiap orang adalah penentu atau penguasa atas masa depannya sendiri. Dan dia tentu akan dengan gigih dan kebanggaan tersendiri, mempertahankan kepribadian itu, meskipun nantinya ia harus mempertimbangkan dan memperhitungkan faktor-faktor eksternal yang mungkin harus dihadapinya. Dia tetap akan menyatakan bahwa apa pun dan bagaimanapun kondisi keadaannya, pada hakekatnya, keputusan terakhir terletak sepenuhnya di tangannya sendiri. Setiap orang, pada suatu saat pasti pernah mengatakan ucapan yang sudah basi seperti: ''Itu akan saya selesaikan sendiri'', atau ''Itu masalah pribadi saya'', dan sebagainya. Masalahnya ialah apa yang telah dikatakan akan dilakukan sendiri tadi, benar-benar akan demikian juga pada proses pelaksanaan kelanjutannya. Selanjutnya pun takkan dapat terbukti lagi, apakah dalam acara pengambilan suatu keputusan dia tidak pernah merasa dibimbing oleh suatu yang berada di bathin bawah sadarnya, atau apakah di dalam suatu proses pengambilan keputusan, dia tidak pernah merasa dipaksa oleh sesuatu yang lebih perkasa daripada kehendaknya sendiri.

Dapat kita bayangkan, bahwa bagi orang-orang yang punya kemampuan lebih dalam hal tembus pandang, sering bakat kelebihan tadi bahkan terasa sebagai satu beban yang meresahkan. Umum telah mengetahui, bahwa orang-orang yang dikenal sebagai ahli tembus pandang, seperti misalny Jean Dixon, dari merika dan Garard Croiset, dari negeri Belanda, teramat sering merangasakan hal itu sebagai suatu beban yang sangat menggelisahkan. Sering mereka tembus pandang terhadap bencana atau malapetaka, penderita atau maut. Ditambah lagi beban, apakah tembus pandang mereka dipercaya atau tidak. Kalau percaya, apakah reaksi positifnya? Banyak orang bersikap skeptis, tidak percaya, bahkan juga ada yang benci terhadap kelebihan yang dimiliki oleh orang-orang paragnostik!

Terhadap problema, apakah masa depan orang sudah ditentukan oleh kodrat, sebaliknya kita jawab dengan satu pengandaian saja. Dalam prognosa kita tentang masa depan, faktor yang paling menghambat ialah faktor waktu. Sampai saat ini, manusia belum dapat menguasai faktor waktu ini, dengan layak. Pernah di depan, kami menyinggung masalah waktu ini, yang diandaikan sebagaui satu dimensi keempat, di samping ιiga dimensi yang telah berhasil diketahui dengan baik oleh manusia. Manusia telah mmbagi faktor waktu ini secara ketat sekali, dengan ketentuan mathematis abad, tahun, bulan, hari dan seterusnya. Cara pembagian ini adalah buatan manusia yang terasa bermanfaat bagi manusia juga. Tetapi dengan demikian, sebenarnya masih belum berhasi dibuktikan, apakah yang disebut waktu itu ada, atau bahwa yang disebut waktu itu merupakan satu faktor dimensi yang berdiri sendiri. Atau apakah memang telah terbukti bahw waktu itu,melaju terus secara lurus ke depan, sebagaimana yang kita andaikan sampai saat ini? Sudah menjadi keyakinan manusia, bahwa waktu itu membentuk satu garis lurus yang melaju ke depan. Tetapi cobalah sekarang kita mengandaikan bahwa sang waktu sebagai faktor yang berpola spiral, yang berputar melingkar dan pada titik-titik tertentu, akan atau sudah saling bersentuhan? Dalam hal inipun, kita masih tetap mengandaikan sang waktu sebagai suatu faktor yang selalu maju ke depan, namun karena modus operandinya melingkar maka dengan demikian telah terbuka satu peluang bahwa masa lalu, masa sekarang dan masa depan itu, pada titik-titik tertentu, akan dapat bersentuhan satu dengan yang lainnya. Gambar di bawah ini, mungkin akan dapat menjelaskan situasinya. Di dalam gambar garis-garis patah pada lengkung-lengkung diandaikan sebagai titik-titik temu, di masa lampau, sekarang dan masa depan akan saling beranyam.

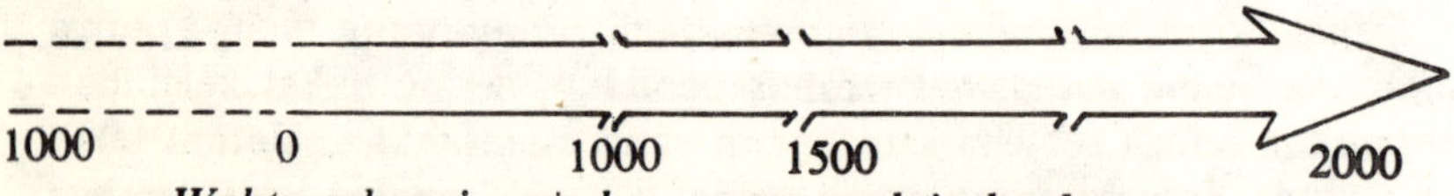

Waktu sebagai garis lurus yang melaju ke depan.

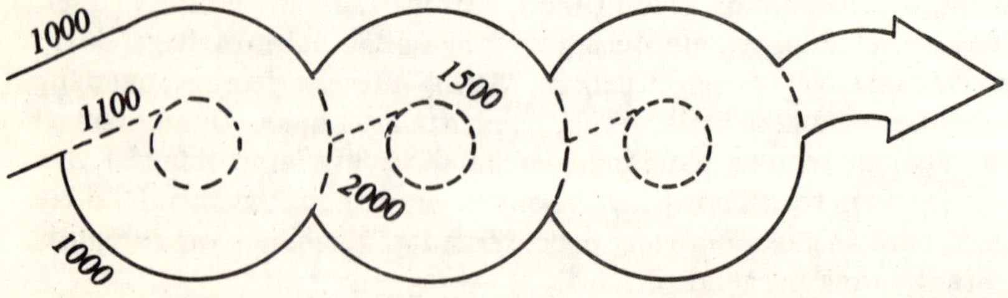

Waktu sebagai garis spiral yang melaju ke depan pada mana terjadi banyak titik sentuh.

Di dalam literatur parapsikologi, yang berkaitan dengan masalah waktu, ada kalanya dibicarakan juga mengenai apa yang disebut sebagai ''akibat pengaruh Dunne''. Di mana secara khusus, diikutsertakan masalah mimpi yang mengandung sifat peramalan (jangkauan ke hari depan). Dunne adalah seorang ahli perancang pesawat terbang yang pernah hidup pada sekitar perputaran abad ini. Dia seorang Inggris. Dunne menguraikan tentang banyak pengalaman mimpinya yang bersifat peramalan. Dia bertolak pada dasar pengandaian, bahwa ada sesuatu yang telah menjadi mutlak, salah, sehingga aku dipaksa melihat peristiwa sebagai suatu yang sama sekali tidak ada hubungannya dengan kondisi waktu yang sedang kuhadapi saat itu. Setelah nama Dunne menerima hipotesa, bahwa manusia punya kemungkinan untuk berfungsi pada beberapa tataran waktu. Satu kemungkinan yang jelas bisa demikian ialah waktu bermimpi. Di dalam mimpi, kesadaran manusia tentang waktu sama sekali berbeda dengan pengertian manusia tentang waktu, kalau dia sedang sadar. Menurut Dunne, maka faktor waktu itu akan mengalami satupergeseran kalau kita sedang bermimpi. Ini akan menyebabkan terbukanya kesempatan bagi kita, atau paling tidak sejumlah orang di antara kita, untuk berada di masa depan dan mengalami apa yang sedang terjadi di masa itu. Bukankah untuk masa sadar kita, dalam arti kita tidak sedang bermimpi, semua peristiwa itu justru masih belum terjadi? Demikian, sedikit uraian Dunne.

Kesimpulan yang dapat kita tarik, hepotesa apa pun yang ingin kita kemukakan, asalkan kita percaya bahwa ada sejumlah orang yang mampu tembus pandang ke depan dan nyatanya hal yang satu ini berhak menuntut pengakuan akan hak hidupnya berdasar banyaknya eksperimen yang telah dilaksanakan di lapangan itu, dengan segala macam pembuktiannya, maka takkan dapat terelakkan lagi, kita harus mau mengakui bahwa masa depan kita memang telah digariskan terlebih dulu. Tentunya timbul pertanyaan, apakah karena demikian lalu kebebasan pribadi kita dalam proses pengambilan keputusan maupun pelaksanaan tindakan selanjutnya, lalu tidak punya hak hidup? Problema ini dijawab oleh Jacobson dengan sebuah kisah perumpamaan yang cukup berkesan. Kisah perumpamaan yang dikemukakan Jacobson ialah sebagai berikut: ''Seorang penjelajah daerah pedalaman yang masih primitif, dengan tenang meluncur di dalam kanonya, di atas permukaan air suatu sungai yang berlekuk-lekuk mengalir menyusuri daerah perbukitan.

Agak di kejauhan, di bawah bukit dan di balik sebuah lekuk sungai bersembunyi serombongan orang kanibal yang sedang mencari mangsa.

Si penjelajah tidak bisa melihat mereka. Tetapi seorang pengamat yang kebetulan berada di puncak sebuah bukit di tepi sungai, dapat melihat kedua belah fihak, yang berada di bawah. Ia juga mampu meramalkan apa yang akan bisa terjadi. Kalau si penjelajah berniat melanjutkan perjalanan tanpa singgah di tepi, ia akan selamat. Dan sebalikny. Azas kebebasan tetap ada pada si penjelajah. Alternatifnya ialah selamat atau celaka.

Dengan kata lain, masa depan punya satu model tertentu. Ini sudah dipastikan. Tetapi tindakan orang yang bersangkutan, masih bisa mengadakan perubahan pada model tadi. Jadi pada dasarnya, yang ada ialah, kebebasan di dalam keterbatasan.

Hal ini mirip dengan ajaran theologi Kristen, mengenai Kehendak Tuhan dan kebebasan manusia. Masa depan Adam dan Hawa, dan tentunya juga masa depan umat manusia., sudah ditentukan sebelum Adam makan buah apel. Lalu apa gunanya kebebasan hak pilih yang telah diserahkan kepadanya? Jawabnya sederhana saja. Yang dipastikan tadi bukan merupakann satu kerangka rencana yang tidak bisa diganggu gugat, tetapi ada alternatif kerangka-kerangka masa depan lainnya. Ketika Adam dengan suka rela memilih makan buah apel, dia telah memilih salah satu alternatif lain, dibanding dengan kalau ia memilih tidak makan apel.

Jadi kerangka rencana dasarnya tetap, tetapi manusia berhak dan bisa merubahnya. Demikian juga dengan keputusan-keputusan yang harus kita ambil setiap hari. Kalau begini mungkin jadi A plus, kalau begitu mungkin jadi A minus. Kerangka dasar A tetap, tetapi plus minusnya adalah hak kita untuk menentukannya.

Jadi apa yang dilihat oleh orang-orang yang tembus pandang, bukan satu-satunya kemungkinan yang pasti akan terjadi, tetapi salah satu dari kemungkinan yang bisa terjadi, jika beberapa tindakan bebas dari yang bersangkutan akan dilakukan atau tidak dilakukan. Dan mungkin hal ini pun yang menyebabkan terjadinya kenyataan, bahwa betapapun mahir seorang yang tembus pandang ada kalanya dia akan keliru juga.

Di dalam acara radio yang disiarkan pada tahun lalu, di negeri Belanda, dengan judul'Benar Terjadi' , terdapat sebuah contoh yang menarik sekali. Seorang pria bercerita, bahwa pada suatu hari, ia bersama sama seorang kawan, membawa anjingnya berjalan-jalan melalui sebuah hutan kecil, di sekitar arena pacuan kuda di Duindigt. Di sekitar tengah-tengah perjalanan di hutan , tiba-tiba saja terdengar suara yang agak terpotong-potong, yang datang dari arah arena pacuan. Kemudian dengan lebih jelas terdengar derap kaki kuda, diseling sorak-sorai, dan suara yang mengumumkan macam -macam hal. Hal itu sangat menarik perhatiannya, karena dengan jelas diketahuinya bahwa pada hari itu, sama sekali tidak ada acara balap kuda. Kawannya ketakutan dan ingin pulang saja. Tetapi orang itu tetap di tempat. Pada mula pertamanya, ia juga bergemetar tetapi akhirnya ia berhasil menenangkan hatinya,, dan dengan lebih teliti mendengarkan suara-suara itu. Akhirnya ia dengar pengumumHh mengenai kuda -kuda yang berhasil menjadi juara, dan mencatatnya.

Setelah sampai di rumah dan jalan pikirnya wajar kembali, ia menganggap dirinya telah menjadi korban halusinasi. Sobekan catatan, ia masukkan ke dalam salah satu halaman sesudah buku dan sama sekali melupakan peristiwa itu.

Tidak lama kemudian, ia melakukan perjalanan ke Inggris. Pada saat ia harus menunggu kereta api, secara iseng dibelinya sebuah koran. Di halaman dalam, ia membaca berita mengenai pacuan kuda dan juga nama-nama kuda yang telah didaftarkan untuk satu acara lomba kuda yang akan dilakukan di kemudian hari. Sistem ini memang dikenal di baik di Inggris. Ketika ia membaca daftar itu, tiba-tiba saja teringat kembali pada peristiwa di hutan dulu, di dekat Duindigt.

Ia menyimpan koran itu dan setelah ia kembali di negeri Belanda, ia mencari kembali potongan kertas catatannya dan membandingkannya. Nama-nama kudanya ternyata sama. Orang itu lalu pergi ke seorang notaris dan mencatat nama-nama kuda juara untuk dipertaruhkan dengan imbalan jumlah uang yang tinggi. Sampai buku ini ditulis, perlombaanitu belum dilaksanakan jadi belum diketahui hasil-hasilnya.

Ahli astrolnomi dan parapsikologi Perancis, Canille Flammarion (1842-1925), menceritakan kisah di bawah ini mengenai diri Lord Dufferin, duta besar negara Inggris di Perancis, saat itu. Pada suatu malam, Lor Dufferin bermimpi, bahwa dia sedang berada di depan jendela di rumahnya. Dia memandang ke arah luar dan melihat seorang berwajah buruk mengerikan, berdiri mendampingi sebuah peti mati.

Lewat beberapa tahun, Lord Dufferin berdiri di depan sebuah tempat pemberhentian lift, menunggu giliran. Pada saat lift tiba dan membuka pintunya, Lord Dufferin melihat pelayan lift yang berwajah buruk mengerikan, mirip sekali dengan apa yang pernah dialami di dalam mimpinya, beberapa tahun lalu. Karena emosi sesaat, Lord Dufferin mengambil keputusan untuk tidak jadi ikut lift itu. Dia turun melalui tangga biasa. Baru saja ia menaiki beberapa anak tangga, tiba-tiba terdengar olehnya, suara gaduh seakan-akan telah terjadi satu benturan yang keras sekali. Lift ternyata terjatuh ke bawah dan semua yang ada di dalamnya mati!

Kami yakin, setiap orang pernah punya firasat mengenai sesuatu yang akan terjadi. Tidak selalu, tetapi pernah. Sering hal ini dinyatakan dengan satu suasana keadaan mengarah pada apa yang disebut ''de ja vu'', atau kalu mau diungkapkan dengan vahasa Indonesia, kira-kira sebagai berikut, ''pernah tahu mengalami pada suatu waktu di masa lalu''. (Lihat Bab 8). Paling tidak, di antara kita pernah bermimpi tentang sesuatu di balik mana tersembunyi unsur-unsur tertentu, yang menjangkau kehari kemudian. Seperti kisah Lord Dufferin tadi. Ini tentunya tidak termasuk orang-orang yang tembus pandang yang sebenarnya. Tetapi secara tidak menentu, dan mendadak saja, masa depan seakan-akan tersingkap tirainya dan orang dapat sejenak melihat salah satu aspeknya.

Kami yakin banyak sekali orang yang pernah mengalami hal seperti itu, jauh lebih banyak dari apa yang kita perkirakan. Karena hal itu bersifat luar biasa dan janggal sekali, maka jarang sekali orang akan mengasosiasikan penghayatan pengalaman seperti itu sebagai satu pengungkapn tirai masa depan sendiri. J.B. Rhine, ahli peneliti masalah telepati, secara kebetulan telah menemukan kenyataan, bahwa beberapa otang pengikut eksperimen dengan sistem kartu Zenernya, membuktikan dirinya punya kemampuan tembus pandang. Meskipun mereka tidak menerima kiriman telepatis, tetap juga mereka bisa menerka gambar kartunya. Orangorang itu sendiri tidak menyadari akan kemampuan mereka ini, setidak-tidaknya pada saat mereka mengikuti eksperimen.

Pada tanggal 21 Oktober 1966, di daerah pertambangan Wales, Inggris di dekat desa amberfan, terjadi satu perisriwa malapetaka pertambangan. Satu gempa tektonis, telah mengubur sebuah gedung sekolah yang pada saat itu ditempati oelh 50 orang. Kebanyakan anak anak-anak. Di seluruh tempat bencana, ada 144 orang yang menjadi korban. Baru setelah itu, dilaporkan terjadinya banyak firasat sebelumnya. Di antara firasat-firasat itu, banyak terdapat yang mau tidak mau harus digolongkan pada pengungkapan tirai masa depan. Eryl May misalnya, salah seorang korban anak, sekitar dua minggu sebelumnya pernah berbicara kepada ibunya sebagai berikut: ''Mami, aku tidak takut mati. Aku mau ikut dengan Peter, June serta Eryl mati.

Telepati jelas tidak mungkin, karena memang tidak ada penyiar beritanya? Kecuali kalau ada acara serah terima pikiran dari masa depan, ini pun secara logisnya, musykil. Apa lalu hanya suatu kebetulan saja? Apakah barangkali kebetulan, anak itu bermimpi tentang malapetaka seperti itu? Jawaban paling mungkin ialah gejala prekognisi, seperti yang pernah terjadi pada diri Robertson, dengan kisah kapal Titan.

Melalui laporan yang masuk, terbukti ada 76 orang di seluruh penjuru dunia, yang punya firasat mengenai bakal terjadinya malapetaka itu. Ada yang bertempat tinggal di Amerika atau Eropah Kontinental. Orang-orang ini bahkan tidak tahu menahu tentang lokasinya. Ini dapat memperkuat kenyataan yang telah didapat dari eksperimen Rhine, bahwa orang-orang tertentu memang punya kemampuan untuk mengadakan pengungkapan tirai masa depan.
Hal ini, sesungguhnya bukan barang baru. Di dalam sejarah, banyak contoh yang mengarahkan pikiran kita pada hal yang demikian. Michel de Notredame, misalnya. Dia seorang Perancis yang lebih dikenal dengan nama Nostradamus, sesuai dengan adat kebiasaan masa itu, untuk menggunakan bahasa Latin. Dalam kondisi trance, ia banyak meneropong ke masa depan, sampai berabad abad jauhnya. Sayang, bahwa dia mengungkapkan hasil-hasil peneropongannya itu melalui sajak-sajak yang sifatnya terselubung, lagi-lagi karena haus sesuai dengan kegemaran bangsa Perancis (dia seorang Perancis), atau intelek masa itu. Penuh kembangan kata dan perumpamaan yang terselubung, sehingga membuat para skeptisi tersenyum mengejek sambil menyatakan bahwa interpretasi yang diterapkan oleh orang-orang terpercaya, dianggap terlalu dipaksakan dan dibuat-buat.

Apa sebenarnya yang telah ditulis oleh Nostradamus? Di dalam karyanya yang terbit pada tahun 1555, dengan judul "Vrayes Centuries et Propheties", dia berhasil menjangkau ke depan sampai jaman Napoleo Buonoparte, misalnya tentang siapa, ia meramalkan hal-hal sebagai berikut: "Seorang Kaisar yang akan membawa penderitaan bagi wilayah pemerintahannya, akan lahir di dekat Italia." Itu kira-kira dua abad sebelum Napoleon akan dilahirkan di Corsica. Tentang Revolusi Perancis ia meramal: "Pergolakan besar akan terjadi pada sekitar tahun 1792, dan gerakan perombakan ini selanjutnya akan dipandang orang sebagai upaya pembaharuan yang besar, bagi abad-abad kemudian." (Revolusi Prancis dimulai pada tahun 1789). Kemudian mengenai tiga kakak adik Kennedy, tentunya menurut tafsiran merka positif percaya, "Yang besar akan mati, di siang hari tersambar halilintar." Lalu, "Akan ada tiga bersaudara yang membuat sedih seluruh dunia." Ramalan pertama, dikenakan dengan peristiwa pembunuhan terhadap John F. Kennedy, yang kedua mengenai ketiga saudara keluarga Kennedy, yakni John, yang presiden, Robert yang jaksa agung, dan Edward yang senator. Dua yang pertama, terbunuh mati dan ancaman juga dilakukan terhadap Edward. Betapa lega hati orang, ketika ia mengambil keputusan untuk undur dari pemilihan Presiden A.S. di tahun 1980.

Tak mungkin kiranya, untuk merisalahkan satu per satu ramalan Nostradamus itu. Tetapi dengan gaya puitis yang terselubung, ia telah meramalkan terjadinya pertempuran yang menghancurkan Napoleon, di Waterloo, serah terima mahkota kerajaan Inggris oleh Edward VIII kepada adiknya, George, yang selanjutnya menyandang gelar Duke of Windsor, bangkit dan hancurnya Adolf Hitler, jatuhnya bom atom di Hiroshima dan pergolakan rakyat Hungaria di tahun 1956. Bagi mereka selalu berfikir mengenai kemungkinan akan terjadinya kiamat dunia melalui Perang Dunia III, Nostradamus melihatnya pada abad ke-16, bahwa malapetaka itu akan diawali oleh Cina.

Dua orang di jaman ini, diakui sebagai ahli tembus pandang yang unggul, yakni Jeanne Dixon dari Amerika, dan Gerard Croiset dari Belanda. Droiset, telah meninggal pada tahun 1980. Ny. Dixon berhasil meramalkan peristiwa kematian Presiden Roosevelt dari A.S. di tahun 1944, kematian Sekjen PBB, Dag Hammarskjold, pembunuhan berturut-turut terhadap John dan Robert Kennedy. Gerard Croiset, dikenal orang sebagai tokoh yang telah berhasil banyak membantu penyelidikan kepolisian tentang tindak-tindak kriminil. Dia juga banyak merelekan diri terhadap penelitian-penelitian ilm,ah tentang psikometri. Hasil -hasil positif sekali .

Di bawah ini contoh salah satu cara yang pernah diadakan:

Di dalam satu kota tertentu, pada satu tempat atau balai pertemuan tertentu, dalam beberapa hari yang akan datang, diencanakan diadakan suatu acara ceramah atau demontrasi. Sebelum karcis dijual, belum dapat diketahui siapa-siapa yang akan duduk di deretan-deretan kursi yang tersedia. Oleh para peneliti, selanjutnya dipilih sebuah tempat duduk tertentu. Kepada orang yang tembus pandang, kemudian diajukan pertanyaan mengenai apa yang diketahuinya tentang orang yang akan duduk di tempat itu, beberapa hari lagi pada saat acara yang direncanakan akan dilangsungkan. Pola ini diambil alih dari pola yang diciptakan oleh Frischler.

Pada tanggal 3 Juni tahun 1953, Prof. Bender dan Prof. Tenhaeff, dengan Gerard Croiset sebagai medium, telah mengadakan eksperimen. Percobaan ini kemudian menjadi sangat terkenal. Kedua orang profesor itu memperlihatkan sebuah danah tata letak ruang dengan deret-deret susunan kursi pada sebuah tempat ceramah di Pirmasens. croiset memilih kursi nomor 73. Segala uraiannya dicatat dengan seksama. Sesuai perawalan, Croiset mengatakan bahwa pada kursi no. 73, akan duduk seorang nyonya. Nyonya itu akan mengenakan blus putih dan mungkin juga selembar rompi bulu angora. Di dalam hidup sehari-hari, nyonya itu juga ada seorang pria yang wajah dan profilnya mirip seorang bintang film dan pelawak Szoke Szakall, seorang bintang film yang cukup penting pada tahun 30-an yang dulu sering menjadi rekan bermain Martha Eggerth, bintang wanita mashur dari Jerman.

Pria seorang yang jujur dan berwatak gembira. Mungkin nyonya ini bertempat tinggal di sekitar satu bangunan yang berpilar merah dan tampaknya agak kurng dirawat. Kalau bukan, bertempat tinggal di sekitar gedung itu, paling tidak nyonya itu sering ke sana. Barangkali nyonya itu juga punya hubungan dengan sebuah toko makanan dan minuman. Mungkin di sana pernah mengalami suatu hal yang sangat membekas. Bisa jadi, dia di sana membeli sekeranjang buah buahan atau kurma. Yang pasti, pada waktu akhir-akhir ini, wanita itu pernah membaca atau berbicara mengenai daerah Silesia Atas. Mungkin dia pernah kena infeksi pada jempol kaki kanannya. Seorang pemuda berambut pirang gelap, berusia sekitar 28 sampai 30 tahun, pernah ingin intim tetapi gagal. Bisa jadi, karenanya, nyonya itu membenci sebuah kotak rokok berwarna hijau.

Itulah yang dikatkan entang orang yang sama sekali tidak dikenalnya, dan baru lewat beberapa hari lagi, akan tiba. Ternyata pada saatnya betul juga duduk di kursi no. 73 adalah seorang nyonya.

Atas pertanyaan yang dikemukakan oleh para peneliti, nyonya itu menerangkan: ''Umur 32 tahun dan aku mengenakan blus putih. Sebelum aku pergi, aku menimang-nimang rompi bulu angora untuk kukenakan atau tidak. Tentang pria pertama, maka dia segera saja mengingatkan aku pada bossku. Aku tidak tinggal di ekitar bangunan berpilar merah, tetapi aku yakin di sekitar kota Pirmmanens hanya ada sebuah bangunan yang seperti itu, ialah kapel gereja di tempat perkuburan umum, tapi kukira keliru akalau tempat itu dikatakan seperti satu tempat yang tidak terawat. Memang pada dua hari lalu aku berada di sanma untuk menghadiri satu upacara pemakaman.

Dari tempat kerjaku, aku memang biasa menengok ke seberang, ke sebuah toko makanan dan minuman yang biasa menjual buah-buahan. Aku membuat kau terheran-heran adalah keterangan mengenai wilayah Silesia Atas. Bru tiga hari lalu, di atas mejaku ada sebuah buku yang berjudul ''*Biografi Tanah Silesia*''

Saat ini kami baru menerima beberapa orang tamu dari sana. Pada jempol kakiku, mungkin yang kiri memang pernah terkena infeksi. Mengenai pemuda itu, kukira bisa kukembalikan pada diri seorang kenalanku dulu. Setelah lama sekali tak memberi khabar berita, sekarang ia kembali ingin kencan denganku. Dari pria ini, di masa lalu

itu, aku pernah menerima sebuah kotak rokok warna hijau. Memang kesanku terhadap kotak hijau itu kurang baik.
Uraian Croiset bukan saja hampir 100% tepat, tetapi yang sama menariknya ialah beberapa jenis tembus pandang, yang telah berhasil siperagakannya. Ada retrokognisi, dan jelas juga telepati yang berati sama sekarang. Ini memang suatu sumber bakat yang jarang ada, meskipun Croiset sendiri selalu berendah hati tenang hal itu.

Tentang prekognisi dan terto-kognisi atau rekognisi itu, marilah kita lanjutkan sebentar. Kita mengerti, bahwa kita bisa menerima bahw waktu mengenal apa yang disebut struktur, tapi bagaimanapun juga, kita tak mampu membuktikan bagaimana sebenarnya struktunya yang pasti. Entah itu sebagai garis lurus, entah sebagai spiral, yang biasa saling bersentuhan pada titik-titik temu tertentu, yang terjadi pada perputaran sirklus spiralnya. Dengan demikian, masa lalu maupun masa depan, akan dapat tersentuh juga oleh sejumlah orang di antara kita. Di samping ini, ada sebuah cara penjelasan lain yang dianut banyak orang untuk menguraikan gejala-gejala paranormal yang sedang kita bahas ini, yakni melalui ajaran *Reinkarnasi*, yang punya arti bahwa sementara orang bisa saja secara tiba-tiba akan teringat pada satu kehidupannya yang lain, yang telah terjadi di masa lalu.

Eksperimen-eksperimen yang berkaitan dengan problema retrokognisi, pada umumnya akan menggunakan obyek-obyek masa lalu, untuk dapat membangkitkan asosiasi dengan masa lampau, dan dengan demikian punya peluang lebih besar, akan dapat menggali keluar lebih banyak keterangan tentang masa lalu itu.

Menurut orang-orang yang telah berpengalaman di dalam bidang ini, kita tahu, bagi orang-orang tertentu, pengaruh yang terpancar keluar dari benda-benda kuno bisa kuat sekali pengaruhnya, sehingga dapat membuat si medium atau paragnos, seketika dapat mengetahui sebagian besar masa lalu yanbg terkandung di dalamnya. Dengan kata-kata lain, bagi orang-orang paragnos benda-benda itu, seakan merupakan medium visual tentang keadaan, di mana dia dulu pernah dialaminya, termasuk juga keadaan hidup umum dengan para pelakunya di masa itu. Keadaan seperti ini, di mana kita juga bisa berbicara mengenai adanya penyiar dan penerima, lazimnya disebut psikometri. Hanya saja apa yang disiarkan dan bagaimana proses kerjanya, kita belum bisa mengungkapkan. Di dalam hal ini, tak mungkin terjadi suatu proses penyerahan pikiran, kecuali kalau kita mengikuti gagasan yang di depan pernah sirna, akan tetap berada di dalam obyek-obyek, di dalam suasana alam sekitar, di dalam atmosfirnya, sehingga kemungkinan akan dapat

ditangkap oleh orang-orang yang tembus pandang, dan dengan demikian akan dapat mengungkapkan hal hal yang terjadi di masa lalu.
Dalam kondisi seperti ini, bukan saja benda-benda, tetapi juga segala macam peristiwa di madsa lalu, yang telah berhasil menapaktilaskan kesan yang sangat mendalam pada sang waktu, tentu akan dapat diraba juga. Penjelasan yang bersikap spekulatif juga banyak diberikan pada gejala-gejala penampilan hantu, pada tempat-tempat tertentu, yang biasanya ditemukan di tempat tempat ang angker dan menyeramkan. Dikatakan mereka itu meratap ratap, bergemerontang dengan rantai, seakan-akan peristiwa yang dulu terjadi, tempat itu terjadi sekali lagi. Kata acara, penjelasan ini:"Itulah satu gejala poenampilan masa lampau yang sangat membekas, tapak tilasnya pada sang *waktu*.
Peristiwa-peristiwa psikometris yang mungkin bisa dijelaskan melalui dasar hipotesa telepatis ialah peristiwa-peristiwa yang punya kaitan dengan kemampuan si medium, untuk menyentuhkan tangan pada suatu benda atau obyek; acapkali benda milik perorangan akan dapat menggali keterangan dari masa lampau. Bahkan ada kalanya bisa menghasilkan gejala materialisasi juga.

Kami teringat akan suatu wawancara dengan seorang medium Belanda, yang mana juga telah diadakan pengambilan shooting untuk TV. Ketika itu kepada si medium diperlihatkan sebuah dompet yang olehnya diraba-raba sampai cukup lama. Selanjutnya, ia memberitahukan sejumlah keterangan yang hampir semuanya tepat. Tetapi mendadak saja si medium lalu menatap si juru kamera dan mengatakan supaya dia jangan takut. Menurut si medium, di belakang si juru kamera pada saat itu berdiri seorang berambut merah dan berjanggut dadu, yang sedang tersenyum mengikuti acara shooting.
Ternyata gejala penampilan itu adalah ayah si ahli kamera yang telah lama meninggal.
Untuk kejadian di atas, bisa dikemukakan dua macam penjelasan. Satu; kita bisa bertolak bahwa benda-benda tetap menyimpan sebagian energi dari si empunya, yang hanya dapat terlihat secara psikitis paranormal oleh orang-orang tertentu. Di dalam hal seperti telepati, tak mungkin akan dapat berperan.
Satu contoh yang sangat terkenal ialah sebuah eksperimen yang dilakukan pada tahun 1947, dengan medium nyonya Braconnier. Kepadanya, diserahkan sebuah paku kapal, yang dapat hampir 2.000 tahun lalu, pernah digunakan sebagai paku dinding kapal oleh kaisar Caligula, sebagai kapal pesiar pribadinya. Pada tahun 1932, mulai campur tangan Benito Mussolini, yang pada saat itu adalah diktator

Italia, kapal itu telah berhasil diangkat ke luar dari dasar telaga Nemi, di Italia, setelah telaga kecil itu berhsil dikeringkan terlebih dulu. Upaya ini cukup menarik perhatian. Kerangka kayu bekas kapal kuno ini, sesungguhnya merupakan satu benda budaya yang sangat berharga, telah dibakar habis oleh tentara Jerman pada masa Perang Dunia II. Yang tersisa, tinggal beberapa potong kayu hangus dan paku-pakunya. Data ini tidak diketahui oleh si medium.Secara singkat kami akan mengulangi keterangan yang disampaikan oleh Ny. Broconnier setelah dia meraba paku.

"Aku melihat jilatan api, dan mencium bau yang asing. Ada pesawat terbang agaknya, yang terlibat di dalam peristiwa ini. Lokasi tempat kejadian indah sekali. Pada latar belakangnya ada sekelompok bangunan perumahan dan sebuah pekarangan rumah yang berdinding. Kulihat papan-papan, oh sebuah geladak kapal. Ada juga, orang-orang di atas kapal. Ekspresi wajahnya tidak wajar. Tubuh mereka pendek dan kecil. Tidak ada benda modern di tempat itu. Semua berbeda jauh dengan sekarang. Nama perahunya, singkat saja. Tampak berbagai macam benda yang tidak pernah terlihat sekarang dan gaya pakaiannya kuno. Bahkan kulihat sejenis sepatu kulit. Meski kuno, kulihat banyak benda yang indah dan mewah, khususnya di ruangan dalam perahu. Sebagian orang di situ warna kulitnya gelap. Apa dilumuri arang atau barangkali orang-orang negroid. Kerjanya berat dan kalau tidak taat dihajar. Apa mereka budak-budak? Sekali lagi, kumencium bau hangusnya kayu-kayuan. Tentunya sudah lama sekali berada di bawah air., Pada saat diangkatnya, telah menarik banyak perhatian orang." Demikian beberapa fragmen acara monolog psikometris Ny. Braconnier.

Dan cukup mengagumkan, ketepatan maupun ketelitiannya. Pesawat terbang tentunya ada hubungannya dengan tentara Jerman, demikian juga nyala api, karena mereka membakar habis kerangka kayu kapal kuno itu. Selanjutnya Ny. Braconnier meloncat ke jaman Romawi kuno, semasa bertahtanya Kaisar Caligula, yang lalim. Di lihatnya sekelompok perumahan, pekarangan rumah yang berdinding, juga sejumlah orang yang posturnya lebih kecil dari umumnya orang di masa kini. Ini pun sesuai dengan pengetahuan kita tentang orang-orang di jaman itu. Ny. Braconnier bahkan telah melihat sebuah sepatu larsa. Arti harfiah kata Caligula, adalah larsa! Tentang orang hitam itu, juga tidak salah, karena bangsa Rumawi jaman itu memang punya banyak budak, yang diambilnya dari Nubia, di Afrika Utara. Akhirnya Ny. Braconnier juga mampu memberitahu bahwa perahu tu tentunya telah lama sekali berada di dasar telaga sebelum kerangkanya berhasil diangkat keluar.

Dari peristiwa Ny. Braconnier di atas, kita tahu bahwa banyak sekali keterangan yang bisa digali keluar dari sebatang paku. Kita harus lebih kagum lagi, karena pada hakekatnya, Ny. Braconnier pribadi tidak tahu menahu tentang asal-usul paku itu, pada waktu sebelumnya.
Si peneliti juga hanya tahu bahwa paku itu berasal dari jaman Caligula dan bahwa ia didapat dari kerangka perahu yang dibakar habis oleh tentara Jerman. Ternyata, risalah yang diberikan oleh Ny. Braconnier, banyak fakta-fakta yang asing bagi si peniliti.
Kalu semua fakta yang ada, memang sebelumnya telah diketahui oleh si peneliti, maka mungkin cara penjelasannya akan jadi lain. Bisa dalam hal seperti ini telah terjadi satu cara proses penyerahan pikiran.
Tetapi aktanya tidak demikian, Tanpa mengetahui, apa pun tanpa adanya orang lain yang mengetahui, seorang medium yang baik tetap bisa punya hasil prestasi penggalian keterangan yang amat mengagumkan.

Gerard Croiset adalah salah seorang di antara medium yang amat menonjol, yang telah menggunakan bakatnya demi riset ilmiah dan kriminil. Dengan memegang sebuah benda tertentu, ia pun banyak berhasil mendapat keterangan tentang si empunya benda, yang pada gilirannya telah banyak membantu pihak kepolisian. Pernah terjadi juga beberapa kali peristiwa, di mana dulunya, Croiset dianggap keliru, tetapi hasil akhirnya justru membuktikan sebaliknya. Ini salah satu contoh yang baik sekali di antaranya.
Pada suatu saat, Scotland Yard dari Dinas Reserse Inggris, minta pertolongan dalam satu peristiwa penculikan terhadap seorang anak gadis. Yang tersedia bagi Croiset, hanya foto-foto daerah, di mana anak gadis diperkirakan telah menghilang. Croiset mengatakan bahwa gadis itu telah dibunuh, dan dia memberi ancer-ancer, di mana mayat gadis itu akan dapat ditemukan.
Fihak Scotland tidak habis mengerti, karena daerah seperti itu tidak terdapat di sekitar daerah gadis itu dinyatakan hilang, meskipun Croiset memang memberikan beberapa tanda yang menyerupai daerah tersebut, tetapi gambaran keseluruhan yang dilukiskan Croiset dalam hal umum lainnya sangat berbeda. Kembali dilakukan suatu penelitian yang lebih saksama. Baru pada penelitian lebih lanjut, terbukti bahwa di dalam tapak tilas kesan yang diteropong secara psikimetris oleh Croiset, terdapat pembauran faktor waktu. Croiset secara psikometris telah melihat keadaan daerah yang bersangkutan, di dalam satu pembauran

waktu. Dalam arti, bahwa keadaan daerah itu telah mengalami perubahan, seiring dengan perkembangan waktu. Tetapi Croiset membaurkan keadaaaan daerah itu dengan faktor beberapa periode waktu. Kembali di sini, faktor yang masih sangat misterius telah memainkan peran.

Ada kalanya, jangkauan ke masa lalu ini, tidak bisa terlihat tetapi juga bisa dirasakan oleh si medium. Kisah nyata di bawah ini adalah satu illustrasi yang baik sekali. Dr. Muller adalah orang yang mengemukakannya.

Kawanku tuan V.D dari Den Hag, mengadakan suatu percobaan dengan tuan Jan Borst, seorang tukang kebun dari Weesrerkarspel, yang bukan seorang psikometris profesional. Tuan V .D kebetulan punya seorang kenalan biasa, yang menderita penyakit syarat. Baiklah kita sebut saja, dia tuan X. Tuan V.D. mohon pada tuan X, supaya memberinya sebuah benda miliknya yang sering dipakai. Benda itu akan dikirim ke tuan Borst. Ia lalu diberi sebuah dompet itu. Yang penting ialah keterangan yang diberikan tuan Borst, kepadanya. ''Aku seakan-akan merasa sakit dan bengkak pada lambung dan ulu hati, ketika aku menyentuh dompet.'' Katanya berulang kali mengulanginya dengan hasil yang sama, sehingga ia bertanya pada tuan V.D. apakah barangkali si pemilik dompet punya sakit ulu hati. Tuan V.D meneruskan keterangan itu pada tuan X. Hal itu disangkal oleh tuan X. Percobaan tadi dianggapnya, telah gagal. Ketika tiba-tiba tuan X ingat bahwa dompet itu bekas milik kakanya yang beberapa tahun lalu meninggal dunia karena gagal dalam suatu operasi ulu hati, dan dompet itu telah lama berada di almari tuan X, dan baru selama beberapa waktu terakhir dipakainya, terbukti bahwa percobaan itu sama sekali tidak gagal.

Pengalaman rasa sakit paranormal ini mengingatkan kita pada gejala-gejala luka stigmatisasi, yang juga sampai sekarang belum dapat diterangkan sebab-musababnya. Luka-luka ini mirip luka Kristus waktu penyalipannya. Dan setiap tahun menjelang hari raya Paskah, pasti ada saja sejumlah orang yang menderita gejala demikian.

Telepati jelas diterangkan dalam dua peristiwa di atas. Sebab dari siapa, mereka akan bisa menggali pikiran orang lain ? Akan lebih nalar kiranya, kalau pengandaian kita tertuju kepada kemungkinan terjadinya satu kontak antara benda di satu fihak, dengan roh si medium/paragnos di lain pihak. Mungkin hipotesa ini akan langsung ditolak oleh golongan parapsikolog, tetapi sebaliknya, mereka juga takkan mampu membuk tikan bahwa hal seperti mutlak, takkan dapat terjadi.

Ada satu hepotesa lain yang mungkin dapat diajukan, tetapi juga akan sama musjkilnya bagi orang yang bukan pengikut konsekuen dari ajaran aliran spiritisme. Hepotesa mana akan berbunyi, bahwa orang yang sudah mati mampu mengadakan hubungan telepatis dengan orang yang masih hidup.

Bagaimana pun juga, pada setiap gejala paranormal yang dapat dikondisikan oleh orang, terdapat dua kemungkinan interpretasi yang dapat diterapkan. Pertama, melalui interpretasi animistis yang dapat (anima = bathin), yang mengatakan bahwa segala kemampuan paranormal timbul dari manusianya sendiri, acapkali di bawah sadar, seperti pada gejala Poltergeist. Yang kedua, bersifat spiritis, di mana dikatakan, yang menimbulkan gejala-gejala penampilan paranormal adalah roh yang telah mati. Lingkungan parapsikologi, umumnya bersikap skeptis terdapat penjelasan yang spiritis. Mereka tetap berusaha supaya dapat memberikan penjelasan yang lebih wajar dan ilmiah.

Bab 8
Reinkarnasi

Berjuta-juta orang percaya, bukan hanya tentang adanya kelangsungan hidup sesudah mati, entah sebagai roh, entah dalam wujud lain, tetapi juga percaya mengenai kembalinya roh ke dalam satu badan wadag yang baru. Ini Reinkarnasi. Kata reinkarnasi sebenarnya berarti ''masuk kembali pada daging''. Suatu proses kelahiran kembali roh setelah untuk beberapa waktu berada di alam roh dan diharuskan kembali pada alam fana. Ajaran ini sudah sangat kuno dan ditemukan di mana-mana di dunia. Pada ajaran agama maupun yang bukan agama. Kalau berbicara tentang reinkarnasi , maka pikiran kita akan segera saja berasosiasi dengan ajaan-ajaran agama Hindu dan Budha, yang memang menjadikan masalah reinkarnasi sebagai doktrin dasar. Orang tidak banyak tahu bahwa di dunia Barat juga banyak orang yang setuju dengan pola pemikiran ini, khususnya mereka yang mengikuti aliran Spiritisme atau menjadi pendukung aliran filsafat yang dirintis oleh Alan Kardee dari Perancis, yang menjadikan reinkarnasi sebagai dogma. Ilmu parapsikologi juga menaruh perhatian yang besar terhadap ajaran ini.

Pada halaman-halaman terdahulu sudah sebanyak dua kali, kami mengemukakan hipotesa bahwa peristiwa kematian adalah semata-mata terjadi pada badan wadag saja. Sang Roh, entah tertutup dengan wujud lapisan badan lainnya (teori Peter Andreas), entah tidak akan melepaskan diri dari badan wadagnya dalam suatu kondisi wujud yang tak terlihat oleh mata biasa.

Di sini akan timbul satu persoalan yang esensial sekali, yakni: Setelah itu, ke mana roh pergi? Menurut suara-suara paranormal yang berhasil direkam Raudive, maka keterangan yang diberikan ialah bahwa roh-roh masih berada di antara kita dan juga seperti kita sedang menunggu satu acara lain yang belum diketahui.

Tetapi menurut para medium, roh-roh itu berada dalam satu liputan sfir, yang kelak akan disusul dengan liputan sfir-sfir lainnya. Seakan-akan ada susunan hierarkis pada sfir itu. Sfir tataran pertama segera akan dimasuki kalau orang mati, yang berfungsi sebagai sfir penyesuaian, karena masih punya banyak kemiripan dengan suasana duniawi. Dari Dari tataran itu, nantinya akan ditingkatkan ke sfir yang lebih atas yang terarah pada hidup kerohanian. Tataran terakhirnya ialah tataran yang oleh para pengikut agama digambarkan sebagai tataran pemersatuan dengan Illahi, atau saat terjadinya acara serah terima terakhir dengan Sang Pencipta.

Penggambaran proses ini sudah ada sejak jaman kuno sekali. di dalam ''Divinia Comedia''karya besar Dante, hal itu pun dilukiskan, demikian pula pada gambaran lain yang bersifat naif dari para pengikut Calvinisme, di mana roh orang mati akan punya dua pilihan. Ada jalan yang besar dan ada yang kecil, yang satu menuju ke neraka, yang lainnya ke surga. Ada pula faham yang menggambarkan bahwa roh itu harus melalui api pencucian dan sebagainya. Fred Meyers, yang sudah pernah kami sebut namanya dalam masalah gejala korespodensi silang pernah mendektekan sebuah buku kepada medium Athur Ford, mengenai masalah ini. Bagi faham reinkarnasim, apa yang digambarkan di atas tidak menjadi masalah yang dipoandang berat. Yng lebih penting bagi mereka, ialah apakah reinkarnasi atau kelahiran kembali roh itu terjadi secara suka rela atau melalui paksaan. Dan hipotesa ini tidak ilmiah tetapi semata-mata mendasar kepercayaan. Sebaliknya, ilmu parapsikologi berusaha mencari jawaban dengan argumentasi yang rasional. Tetapi karena dasar hepotesanya sendiri juga masih bersifat kepercayaan, misalnya pemisahan antara badan wadag dengan badan roh pada saat kematian, maka hasil-hasilnya pun tetap mengambang belaka. Apalagi kalau kita berbicara mengenai argumentasi golongan agama, aliran spiritisme dan lainnya, yang kesemuanya masih sangat mutlak berdasar kepercayaan atau anekdotis, maka uraian-uraian penjelasan yang dapat dikemukakan paling paling hanya bersifat filosofis saja.

Van Praag menyatakan: ''Dalam dunia pemikiran dewasa ini sulit sekali untuk berfikir dalam kerangka dualitas antara badan wadag dan badan roh. Antara aspek psikis dengan aspek fesis sudah terjadi keakraban yang begitu eratnya, sehingga hampir tak bisa membayangkannya bahwa mereka itu masing-masing berdiri sendiri sendiri. Kitaambil contoh rasa kesakitan saja. Apa artinya unsur variabel ini kalau terlepas dari aspek fisiknya? Hal ini juga berlaku bagi unsur-unsur variabel lainnya seperti lapar, haus, takut, marah dan lain sebagainya.

Sebaliknya kita akan dapat sepenuhnya mengerti bahwa hal-hal yang benar-benar mental atau psikis, seperti pengertian bahwa 2 x 2 adalah 4, memang tidak akan sirna dengan matinya badan wadag.''
Apa yang Van Praag sampaikan, bahwa roh pada aspek fungsionalnya, tidak selalu tergantung pada badan wadag. Jadi, proses bathin, sangat berbeda dengan proses jalan, makan dan sejumlah proses sensoris lainnya. Badan wadag yang menentukan berbagai macam proses yang tersebut belakangan ini jelas akan terhenti, jika badan wadag mati. Dan dengan sendirinya akan tidak logis juga, kalau semua proses lainnya, khususnya proses mental atau bathin akan terhenti juga. Persoalan mengenai badan wadag dengan roh, bukan hal yang baru. Apakah roh itu hasil cipta badan wadag, oleh susunan perotakan misalnya. Atau apakah roh-roh berwujud sesuatu yang utuh pada dirinya sendiri dan justru menggunakan badan wadag, oleh susunan perotakan sebagai alatnya?
Bagai para penganut adanya hidup sesudah mati, sudah barang tentu hal yang kedua berlaku.

Secara tradisional, roh dan daya fikir selalu dikaitkan dengan organ organ otak dan jantung. Tetapi organ jantung, sementara ini telah terbukti hanya merupakan satu organ yang berfungsi secara fisik belaka. Jadi tidak ada kaitannya dengan perasaan batiniah manusia. Sementara, otak menurut banyak orang, adalah produsen daya fikir melalui proses kimia-elektris. Pada Bab pertama, kami telah menguraikan kisah Jackson Davis ketika menunggui ajal seorang gadis. Di situ jelas dinyatakan bahwa ajal seseorang dimulai dengan peningkatan aktivitas otak yang menyerap semua energi kehidupan dari badan wadag. Setelah pusatnya beralih ke tempat lain, maka badan wadag akan benar-benar mati, berikut daya pikirnya. Sejalan dengan pola pemikiran seperti ini, yaitu faham yang mengatakan bahwa susunan perotakan adalah pusat informasi batin sadar maupun batin bawah sadar.
Henry Bergson, seorang ahli filsafat Perancis, sangat menentang pemikiran seperti ini. Dia menunjuk pada eksperimen yang telah dilakukan terhadap orang-orang yang menderita gangguan parah pada perotakannya. Cara tersebut terbukti bahwa di bawah hipnosa, orang-orang itu berhasil teringat hal-hal tertentu yang jelas takkan mungkin dapat terjadi apabila perotakan benar-benar berfungsi sebagai pusat informasi, sebagaimana diandaikan oleh golongan tertentu. Ilmu pengetahuan medis memang belum berhasil membuktikan bahwa perotakan adalah tempat kesadaran manusia. Ditinjau secara fisiologis, pada dasarnya memang tidak ada banyak perbedaan antara sel-sel otak

dengan sel-sel organ tubuh lainnya. Dalam cara penggunaan, memang jelas ada perbedaan. Terlalu gegabah kiranya, kalau kita mengemukaklan pandangan bahwa dua struktur sel yang tidak banyak perbedaannya melalui proses kimiawi tertentu, akan berhasil menciptkan daya pikir, sedangkan yang lain hanya terbatas pada fungsional organis saja.
Tepat kiranya, apa yang dikatakan oleh Scheller, seorang filsuf Jerman: ''Orang bisa merasa sakit pada jari kakinya, tetapi takkan mungkin merasa dosa pada tempat yang sama!''

Disiplin Parapsikologi, mengemukakan tiga buah dasar untuk membenarkan upaya penelitiannya terhadap masalah REINKARNASI.

1. Adanya begitu banyak jumlah orang yang merasa teringat akan kehidupan di satu masa yang sudah lalu. Setelah diadakan pengontrolan terbukti banyak benar.
2. Adanya jenis perasaan yang secara umum dikenal, bahwa tiba-tiba saja orang merasa pernah berada di satu tempat, atau pernah melihat, mencium bau atau merasakan sesuatu, di masa lalu.
3. Adanya proses pengembangan yang luar biasa pada anak-anak yang biasa disebut anak-anak jenius.

Banyak sekali certa mengenai orang-orang yang menyatakan bahwa di jaman lalu mereka pernah hidup di dalam satu badan wadag yang lain, di jaman maupun lokasi yang lain beredar di masyarakat di seluruh dunia. Tidak semuanya bisa dikontrol, dan untuk sejumlah di antaranya agaknya perlu dicarikan dasar-dasar penjelasan lain dengan Reinkarnasi. Untuk masalah ini, pada dasarnya terdapat lima kemungkinan penjelasan:

1. Adanya kesengajaan untuk menipu.
2. Adanya upaya penipuan diri yang sifatnya pathologis.
3. Adanya informasi batin bawah sadar yang tiba-tiba menguasai batin sadar (cryptomnesia).
4. Gejala psikometri yang bersifat retrokognisi.
5. Arahan kuat yang menunjuk adanya gejala reinkarnasi.

Di bawah, adalah sebuah contoh kisah yang mau tidak mau membuat para ahli parapsikologi tidak dapat memberikan penjelasan, kecuali melalui ajaran reinkarnasi. Risalah singkatnya sebagai berikut:

Shanti Devi dilahirkan di tahun 1926, di sebuah desa kecil di India. Pada tahun-tahun pertama, ia jarang sekali berbicara, tetapi ketika berusia 4 tahun, Shanti membuat kedua orang tuanya terheran-heran. Dia mengatakan bahwa namanya sebenarnya bukan Shanti tetapi Ludgi.

Selanjutnya, ia bercerita tentang sebuah desa yang disebut Muttra secara mendetil. Di sana dia dulu pernah tinggal, katanya. Pada usia 7 tahun, Shanti berkisah bahwa pada kehidupannya yang lalu, dia pernah menikah dan punya 3 orang anak. Ia mati ketika melahirkan anaknya yang bungsu. Orang tuanya semula menganggap semua itu sebagai ocehan anak-anak saja. Tetapi akhirnya memberi perkenan juga, diadakannya penelitian oleh sejumlah orang ahli, meskipun mereka tetap bersikap skeptis. Dan mereka lalu berangkat menuju dusun Muttra. Shanti memberi tahu bahwa suaminya dulu bernama Pandit Kedar Nath Chaubey. Ternyata orang ini benar ada di Muttra, dan segera merasa tertarik dengan kisah Shanti. Di Muttra, meskipun ditutup matanya, Shanti ternyata hafal sekali dengan jalan-jalan dan letak bangunannya. Demikian juga di rumah Pandit Kedar Nath Chaubey. Dia pun tahu letak kamarnya dulu ketika masih bernama Ludgi, dan tempat dia menyembunyikan uang dulu. Banyak orang juga dikenalinya dan bisa bercerita tentang pengalaman bersama dulu. Bahkan hal-hal intim dalam perkawinannya dengan suaminya, dapat ia ungkapkan. Juga tentang anak-anaknya. Dialek setempat juga fasih.
Kisahnya ternyata benar dan nyata, yang membuat seluruh team peneliti jadi terkejut, heran. Peneliti-peneliti termashur seperti Harlow dan Stevenson, juga ikut mempelajari kasus Shanti dengan saksama. Para peneliti pertama, suaminya, maupun Harlow dan Stevenson, akhirnya hanya sampai pada satu kesimpulan saja: Shanti Devi yang lahir pada tahun 1926, memang benar, adalah personifikasi badan wadag almarhumah Ny. Ludgi yang telah meninggal dunia hanya kira-kira setengah tahunan sebelum Shanti lahir.

Di dalam bukunya yang diberi judul *"Reincarnatie in het Licht van Wetenschap en Geloof"* (Reinkarnasi ditinjau dari sudut pandangan ilmu dan agama), telah mengutip sebuah kisah yang menurut anggapannya mememiliki nafas kebenaran. Kesimpulannya jelas jelas tidak mendekatkan kita pada kenyataan, karena nafas kebenaran, perlu didukung dengan bukti. Kisahnya berasal dari seorang wanita yang bernama Ny. Heyman, di London. Pada musim panas tahun 1919, bersama dengan suaminya, ia berlibur di daerah Devon, Inggris.
"Keesokan harinya kami berkeliling di sekitar desa itu. Anehnya, aku serasa makin mengenal tempat itu, seperti aku dulu pernah di tempat itu saja. Khuusnya sebuah rumah, sangat menarik perhatianku. Kami akhirnya mendekati daerah karang-karang. Tiba-tiba saja merasa alam di sekitarku berputar terjungkir balik dan aku berpegangan tubuh suamiku, lalu terasa bahwa kita terjerumus ke bawah.

Ketika aku siuman, aku sudah tergeletak di rerumputan dan suamiku sedang membungkuk di sebelah atas, dengan rasa sangat khawatir. Apa apaan kamu ini' serunya, ketika aku membuka mata. Ulahmu nyaris saja, membawa kita ke dasar laut!' katanya. Dalam perjalanan pulang ke desa, suamiku bercerita bahwa mendadak saja aku menyeretnya sambil berteriak 'Alan, Alan, tolong' ". Padahal nama suamiku adalah George, karena itu, ia menganggap maslah itu agak ganjil. Kembali ke penginapan dan selesai kami berbicara degan si pemilik hotel. Suamiku bercerita tentang peristiwa tadi, yang membuat si pemilik hotel jadi tertarik. Dia pun berkata, bahwa almarhum ayahnya pernah berkisah mengenai adanya sepasang suami istri muda di masa yang jauh silam, telah bersama terjatuh dari tebing karang dan mati. Di tempat yang kami kunjungi tadi. Katanya lebih lanjut: ' Mereka adalah asli penduduk setempat. Tempat tinggal mereka dulu adalah rumah bercat putih dan beretalage kaca di bawah sana'. Ternyata rumah yang ditunjuk ialah rumah yang terasa tidak asing bagiku itu. Akhirnya suamiku dan aku berhasil menemukan kuburan mereka juga. Di atas batu nisan tertera kata-kata: Disertai kenangan manis untuk Alice dan Alan Johnson, yang telah menjadi korban kecelakaan pada 30 Juni 1869".

Harus diakui bahwa kisah ini sangat ganjil, tetapi untuk langsung menarik satu kesimpulan bahwa di sini telah terjadi satu kasus reinkarnasi, agaknya juga terlalu gegabah. Berbeda jauh dengan kasus Shanti. Kalau kita mau dengan teliti, menganalisa kasus Ny. Heyman ini, hanya ada dua hal yang menonjol.

1. Ny. Heyman tiba-tiba ingat sesuatu yang tidak asing baginya, yakni rumah bercat putih.
2. Pada saat Ny. Heyman akan pingsan, ia menyerukan nama Alan, yang kebetulan juga nama orang yang dulu pernah celaka di tempat.

Gagasan mengenai dikenalnya suatu lokasi, memang bisa mendukung adanya reinkarnasi, tetapi bukan memastikan harus adanya reinkarnasi. Bisa jadi, ini semacam gejala *deja vu* (pernah melihat), yang banyak sekali orang pernah juga mengalaminya, misalnya melalui mimpi atau lain sebagainya. Bisa juga, gejala ini adalah suatu kenangan di masa kanak-kanak yang telah terlupakan dan kini dia mendadak teringat kembali. Pengalaman ini karena tidak adanya relevansi dengan hidup sehari-hari, jadi mengendap. Untuk memastikan adanya gejala reinkarnasi, perlu bukti-bukti lain yang lebih positif.

Rasa pusing yang tiba-tiba dialami di atas tebing curam, juga sama sekali bukan satu gejala paranormal. Kami kira gejala takut akan ketinggian, bukan gejala yang langka pada manusia tetapi justru umum. Dan ini menurut kami, akan dapat menjelaskan gejala yang dialami Ny. Heyman secara paling wajar dan normal. Hal ini, bisa terjadi pada setiap orang. Tidak pelak lagi, bahwa disebutnya nama Alan pada saat Ny. Heyman merasa akan pingsan, memang merupakan satu gejala yang ganjil. Tetapi hanya dengan satu dasar seperti ini saja, lalu menentukan adanya reinkarnasi, agaknya juga kurang kukuh. Yang mana masih bisa dikemukakan sejumlah dasar lain yang mungkin lebih bisa diterima. Sayang, penelitian ke arah ini tidak dituntaskan. Bisa jadi, kalau dituntaskan, mungkin bisa diketahui Ny. Heyman punya kakak, atau adik laki-laki yang punya nama Allan. Atau bekas sahabat baik dan kemungkinan lain seperti itu. Di dalam rasa paniknya, maka nama itu terlanjur terbaur dengan nama suaminya. Mungkin juga, Ny. Heyman pernah membaca kisah roman yang mirip. Thema ini cukup populer pada para pengarang roman, yang nama peran utamanya kebetulan Alan. Satu kemungkinan lain, misalnya bahwa Ny. Heyman mempunyai bakat mediamik yang terpendam, yang pada keadaan panik tersembul keluar. Atau mungkin bakat psikometris, seperti yang telah kami uraikan pada Bab 7. Demikian kiranya, penjelasan-penjelasan yang kami kira lebih wajar dibanding dengan REINKARNASI.

Para ahli arkeologi sering merasa terheran-heran kalau menemukan kerangka manusia yang sengaja dengan posisi berjongkok, pada hasil-hasil penggalian yang mereka lakukan, di tempat-tempat pekuburan kuno atau pra sejarah. Hampir dapat dipastikan, bahwa hal ini ada hubungannya dengan kepercayaan reinkarnasi. Posisi jongkok pada hakekatnya merupakan tiruan posisi embrio di dalam rahim ibu. Dan ada kemungkinan dengan menempatkan mayat orang meninggal dalam posisi itu, mereka berharap akan bisa memudahkan roh itu melakukan pelayangan masuk ke dalam janin bayi di dalam rahim seorang ibu.

Faham Reinkarnasi berasal dari benua Timur. Khususnya merupakan doktrin dasar bagi agama Hindu dan agama Buddha. Ini ada hubungannya dengan persyaratan yang disebut *karma*, yang menjadi penentu di dalam hidup orang di masa yang akan datang. Reinkarnasi berdasar karma ini, tujuannya ialah penggabungan dengan Yang Maha Sempurna. Ini pada ajaran agama Hindu. Pada agama Buddha, tujuan reinkarnasi juga mencari kesempurnaan hidup, sehingga nantinya dapat terlepas dari segala macam beban penderitaan dunia dan akan menerima satu tingkat Kelepasan Yang Maha Sempurna, yang juga disebut tataran ke-Buddha-an. Dalam faham reinkarnasi ini, roh diharuskan kembali ke dunia.

Agama Kristen sebaliknya, sejak awal menolak faham Reinkarnasi. Sanggahan pertama ialah bahwa Kitab Suci Kristen, Yesus Kristus, maupun para Nabi, tidak pernah menyinggung masalah Reinkarnasi. Tetapi tetap terdapat juga banyak orang Kristen, khususnya para pengikut aliran Spiritisme Kristen, yang tetap menganggap bahwa reinkarnasi diimplikasikan dalam ajaran-ajaran Kitab Suci. Bahkan mereka telah melangkah sampai demikian jauh, dengan menyatakan bahwa peristiwa Kebangkitan Yesus juga suatu peristiwa reinkarnasi meskipun dalam wujud seperti dulunya, mayatnya hilang, dan penampilannya sesudah mati masih seperti sebelum matinya.

Kami kira, sanggahan keberatan fihak Kristen terhadap faham reinkarnasi ialah karena aliran faham ini tidak mengakui sifat kepribadian roh dan menolak adanya kematian yang hanya sekali saja. Hal ini pada gilirannya juga akan merusak citra adanya Surga dan Neraka, sebagaimana dijanjikan di dalam agama Kristen. Di dalam ajaran agama Kristen, dikatakan bahwa setiap orang akan dapat mewarisi Kerajaan Allah melalui iman dan percaya terhadap Yesus Kristus. Sebaliknya, fihak non-Kristen sering mengemukakan sanggahan terhadap pandangan ini, dengan mengemukakan ayat-ayat yang terdapat di dalam Kitab Suci Kristen, yakni pada Yohanes 9 : 1 - 3. Bunyinya sebagai berikut: Waktu Yesus sedang lewat, Ia melihat seorang yang buta sejak lahir. Murid-muridNya bertanya kepada-Nya: "Rabi, siapakah yang berbuat dosa, orang ini sendiri atau orang tuanya, sehingga ia dilahirkan buta? Jawab Yesus: "Bukan dia dan bukan juga orang tuanya, karena pekerjaan-pekerjaan Allah harus dinyatakan ia dalam dia".

Ayat ini berimplikasikan adanya suatu pengakuan terselubung terhadap reinkarnasi. Tanggapan Van Praag, yang lembut tajam, akan lebih bisa menjelaskan maksudnya, "Telah jelas sekali bahwa orang yang buta sejak lahir hanya dapat berkondisi demikian, karena salahnya sendiri, kalau saja dia pernah hidup di kurun lain".

Kitab Suci Kristen mengenai hal-hal kematian, di satu bagian ada disebut mengenai tempat orang mati sebagai satu tempat, dimana orang-orang mati itu sedang menunggu. Jika ini digabungkan dengan satu ayat lain tentang akan adanya Hari Peradilan Terakhir, maka dapat dibayangkan adanya satu suasana kehidupan yang mutlak pasif, yang baru akan berakhir pada hari kiamat. Tetapi, lalu bagaimana ucapan Yesus di atas kayu salib itu harus diartikan, ketika ia secara langsung mengatakan kepada seorang pembunuh yang pada saat terakhir menyerahkan dirinya kepada Yesus.

"Aku berkata kepadamu, sesungguhnya hari ini juga, engkau akan bersama-sama dengan aku di dalam Firdaus". (Lukas 23 : 43). Tentunya Firdaus tidak sama dengan kerajaan orang-orang mati.

Pemuka Gereja pada awal tarih Masehi, secara terang-terangan menyatakan bahwa mereka percaya pada reinkarnasi. Hal ini pernah dikemukakan oleh Van Praag. Tetapi pada abad ke-6, fihak gereja secara resmi mengumumkan bahwa ajaran reinkarnasi sama dengan suatu tindakan murtad terhadap Tuhan. Mungkin Pemuka Gereja di masa awal perkembangan agama itu, masih terpengaruh oleh lingkungan dan peradaban setempat yang telah berakar. Yang jelas, ialah bahwa di dalam kegiatan misinya, agama Kristen telah banyak mengadakan sinthesisasi dengan peradaban setempat, meskipun mungkin sekedar bersifat dispensasi atau konsensus tidak resmi saja.

Dunia pemikiran benua Barat pun bukannya bebas dari pengaruh pemikiran hal reinkarnasi yang berasal dari Timur. Aliran Theosofi misalnya, adalah satu di antara sekian contohnya. Ini hasil karya Ny. Annie Besant, setelah bertahun-tahun bergumul dengan ajaran-ajaran agama Hindu di India. Faham Reinkarnasi diterima sepenuhnya oleh Ny. Annie Besant. Aliran ini mencapai puncak keberaniannya, dengan menyatakan bahwa Krishnamurti adalah Reinkarnasi Yesus Kristus. Juga aliran Antroposophi, yang merupakan sempalan dari aliran Theosofi, mengakui reinkarnasi sebagai dasar baku doktrin ajarannya. Tak dikatakan lagi mengenai sekte-sekte agama di benua Barat yang dipimpin oleh Guru Agung, Maharesi, dan Maha yogi dan lainnya lagi.

Lingkungan dunia ilmu pengetahuan memang kurang terkesan oleh argumentasi religius yang mendukung hal reinkarnasi, tetapi sementara tokoh-tokohnya percaya kepada reinkarnasi. Di antaranya terdapat nama-nama seperti Kant, Leibniz, Hegel, dan juga Swedenborg, Aldous Huxley, Dickens, Plato, Cicero, Goethe, Benjamin Franklin, Pythagoras dan Rudolf Steiner. Juga ahli-ahli ilmu parapsikologi modern, banyak yang berusaha melakukan penelitian dengan mengikuti jejak ahli peneliti Amerika yang hebat, Ian Stevenson. Pada tahun 1966, Stevenson telah menerbitkan karya standarnya dengan judul *"Twenty Cases Suggestive of Reincarnation"* (Duapuluh Kasus yang Menunjuk ke Arah Reinkarnasi).

Beberapa tahun lalu, para pirsawan TV di negeri Belanda, pernah melihat sejumlah acara siaran tentang penelitian yang menurut pandangan para ahli yang terlibat, tidak bisa dijelaskan dengan cara lain kecuali dengan cara reinkarnasi.

Seorang wanita Inggris bercerita, di bawah bimbingan psikiaternya, bahwa dia pernah hidup di abad ke-11. Pada jaman itu, ia adalah seorang gadis Yahudi, dan bertempat tinggal di New York. Di masa itu, ada gerakan anti agama Yahudi dan orang-orang Yahudi dikejar-kejar. Wanita itu selanjutnya berkisah bahwa bersama dengan ibunya, berdua mereka bersembunyi di sebuah Kathedral, karena mereka terus dikejar-kejar. Dibawah hipnosa, wanita itu menjerit-jerit dan melolong. Dan ia melukiskan situasi serta kondisi yang dialaminya saat itu, sehingga para hadirin seakan-akan melihat sebuah film dokumenter saja. Tetapi bahasanya yang keluar dari mulutnya adalah bahasa Inggris jaman abad ke-11, kita telah mengetahui bahwa hal seperti ini memang tidak asing pada gejala penampilan paranormal. Tetapi yang lebih aneh lagi ialah bahwa wanita itu berbicara mengenai adanya sebuah ruangan di bawah tanah, dimana orang-orang Yahudi yang sudah putus asa itu, berusaha bersembunyi. Hal ini terasa amat ganjil, karena Kathedral tersebut, sejauh diketahui umum justru salah satu dari sedikit jumlah gereja yang dikenal tidak mempunyai ruang di bawah tanah. Karena ceritanya yang demikian meyakinkan, maka orang lalu mulai meneliti lagi fondasinya. Orang terkejut heran, karena ruang di bawah tanah itu akhirnya berhasil ditemukan juga.

Bagi disiplin parapsikologi, hal di atas belum cukup untuk dijadikan bukti konkrit tentang telah terjadinya peristiwa reinkarnasi, tetapi hanya bisa dianggap sebagai salah satu indikator yang menunjuk ke arah itu. Sering memang terjadi juga, bahwa setelah diselidiki dengan lebih teliti, terdapat bukti-bukti lain yang bisa menyanggah adanya reinkarnasi. Peristiwa "Bridey Murphy", merupakan satu contoh yang bagus. Virginia Tighe, seorang ibu rumah tangga di Amerika mengaku bahwa pada satu kurun waktu yang lalu, ia pernah hidup dengan nama Bridey Murphy. Tepatnya pada tahun-tahun 1798 - 1864, di kota Cork, di Irlandia. Di bawah pengaurh hipnosa, Ny. Tighe bercerita dengan aksen Irlandia yang medok, mengenai banyak macam ciri khas hal Irlandia di jaman itu. Terbukti lagi, setelah diteliti, bahwa banyak sekali hal yang tepat. Fakta pun menunjukkan bahwa Ny. Tighe belum pernah ke Irlandia, dan ditinjau dari sudut pendidikannya, juga terasa musykil bahwa dia pernah sengaja mempelajari hal-hal tentang Irlandia di masa lalu. Singkatnya, penipuan secara terang-terangan tak mungkin terjadi. Tetapi para ahli psikologi maupun parapsikologi yang terlibat dalam acara penelitian, kemudian sekali lagi mengadakan pengecekan yang lebih ketat dan teliti. Hasil penelitian ini akhirnya berhasil menggali keterangan bahwa semasa remajanya, Ny. Tighe sangat gemar membaca buku tentang sejarah, khususnya hal sejarah Irlandia dan tentang wilayah sekitar Cork. Endapan pengetahuan ini selanjutnya berbaur dengan pengalaman dan pengertiannya, tentang kondisi dan situasi hidup di Amerika serta persona-persona yang hdup di dalamnya. Semua ini bukan dilakukan dengan kesengajaan, tetapi terjadi di bawah sadar, yang selanjutnya diteruskan olehnya dalam bentuk kisah yang sangat meyakinkan tentang dirinya, sebagai wanita yang bernama Bridey Murphy di jaman yang telah lama lalu itu. Jadi di dalam peristiwa ini, telah terjadi satu dampak, akibat pengaruh batin bawah sadar yang berada di bawah hipnosa yang sepintas lintas tampil sebagai suatu rentetan manifestasi kenang-kenangan masa lalu yang mirip sekali dengan gejala reinkarnasi, dengan tokoh utama si Bridey Murphy. Juga Tenhaeff, yang telah terlibat mendalam, di dalam acara penelitian masalah ini, akhirnya sampai pada satu kesimpulan yang sama.

Para pengikut ajaran reinkarnasi memang beranggapan dapat menarik bukti-bukti adanya gejala penampilan reinkarnasi yang positif, melalui pengalaman yang sifatnya *deja vu* (seperti pernah mengenal sebelumnya) dan juga melalui mereka yang disebut anak-anak jenius, atau anak-anak ajaib. Penulis sendiri beranggapan bahwa dua macam faktor bukti ini kurang meyakinkan, tetapi juga bukannya langsung menolak atau mengingkari kemungkinan unsur-unsur kebenarannya, yang bisa jadi tersembunyi dibaliknya. Tetapi antara pengalaman-pengalaman yang bersifat *deja vu*, dengan suatu gejala penampilan yang positif, reinkarnasi jelas terdapat satu pokok perbedaan yang jelas sekali. Gejala *deja vu* dapat dikatakan umum sekali terjadi, sedangkan suatu penampilan reinkarnasi yang positif dan terbukti amat langka sekali, dapat ditemukan. Kalau misalnya, segala macam pengalaman yang sifatnya *deja vu* itu bisa dianggap sebagai suatu tanda positif dari alam hidupnya di satu masa yang telah lama lalu, mengapa yang dihayati hanya hal-hal yang begitu remah saja, seperti suatu kondisi pemandangan kedaerahan dan bukan peristiwa peristiwa yang jauh lebih berkesan? Dan kita pun tahu, bahwa sejauh ini gejala-gejala penampilan paranormal yang bisa dikontrol dan dibuktikan, Hanya terbatas yang dilakukan oleh sejumlah kecil orang saja yakni para medium, telepati dan paragnos. Demikian juga jangkauan kenangan masa lalu yang terjadi secara sadar maupun yang ada di batin bawah sadar, yang dapat disebut memori terkontrol, terbukti hanya mampu ditembus oleh sejumlah kecil orang saja, yang dianugerahi kemampuan paranormal. Bukankah akan menjadi sama sekali bertentangan dengan ketentuan yang ada, kalau kita memaksakan pengalaman yang bersifat *deja vu*, yang banyak dan umum sifatnya, sebagai syarat penentuan yang setaraf? Apakah tidak lebih akurat kiranya, kalau kita anggap pengalaman yang bersifat *deja vu*, kebanyakan terjadi sejalan dengan telah dibuktikan pada peristiwa Bridey Murphy di atas? Terus terang, pengertian kita hal batin bawah sadar memang sasih sangat dangkal. Apakah tidak mungkin, bahwa batin bawah sadar merupakan sebuah wadah penyimpanan data, seperti pada mesin komputer, yang dapat menapung dan menertibkannya. Data yang relevan dengan permasalahan yang sedang dihadapi dimanfaatkan, sementara yang tidak relevan ditimbun di dalam wadah memorinya, yang secara otomatis tergali keluar jika dituntut oleh kondisi dan situasi. Dan bisa bisa jadi, hal ini juga meliputi berita yang disampaikan melalui mimpi-mimpi tertentu.

Satu faktor lagi yang bersifat umum pada gejala pengalaman yang bersifat *deja vu*, ialah bahwa keberlangsungannya hanya singkat sekali, sering bahkan tidak mencapai satu sekon, sehingga masalah pengontrolan data faktualnya jadi sangat tidak menentu. Dan selama sifat dasar pengalaman ini tetap hanya merupakan sejenis *flashback*, yang amat singkat, bagaimana pun kita berdalih, tak mungkin akan dapat kita ajukan sebagai bukti adanya reinkarnasi, karena satu penampilan gejala reinkarnasi selayaknya adalah permanen, seperti apa yang terjadi pada Shanti Devi, misalnya. Jacobson memberi uraian penjelasan sebagai berikut; "Faktor determinan, hal penentuan mengenai benar atau tidaknya telah terjadi suatu peristiwa reinkarnasi, ialah apakah identitas kepribadian yang ditampilkan memang sama dengan identitas kepribadiannya di kurun waktu yang lain itu." Ini pun harus melalui acara pembuktian yang dapat dipertanggungjawabkan.

Sementara peneliti beranggapan bahwa yang lazim disebut sebagai anak-anak ajaib, juga termasuk penampilan gejala yang berdasarkan pada reinkarnasi. Di dalam kategori ini, biasanya disebut nama Wolfgang Amadeus Mozart, atau Albrecht Durer dan sejumlah lainnya. Orang-orang ini dalam usia yang muda sekali sudah menghasilkan cipta karya yang sangat mentakjubkan. Mungkin dengan sedikit perbedaan tingkat, boleh juga kita ikut sertakan nama-nama seperti Bobby Fisher, di bidang keahlian bermain catur dan Yahudi Menuhin, si virtuoso biola. Para pendukung adanya penampilan gejala reinkarnasi pada anak-anak ajaib, menyatakan bahwa cara penilaian terhadap gejala penampilan reinkarnasi tidak dapat terbatas pada segi religiusnya maupun dari segi identitas diri belaka. Satu unsur lain perlu dipertimbangkan, yakni adanya gejala penampilan kontinuitas pengembangan informasi yang paranormal. Hal ini dpat pula diandaikan sebagai satu pola proses reaksi berantai, yang terjadi pada batin yang diteruskan pada tahap hidup reinkarnasinya, sehingga sekali pun yang bersangkutan masih berusia sangat muda pada hidupnya yang sekarang, proses perkembangan batinnya yang tidak terhenti, masih melanjutkan proses evolusi batiniah yang terjadi pada masa hidupnya yang pernah dialami dulu. Terhadap hipotesa ini, banyak terdapat sanggahan. Jacobson misalnya, memberi penjelasan sebagai berikut: Anak-anak ajaib sama sekali tidak pernah punya identitas kepribadian yang menunjuk ke masa lalunya. Pada Shanti Devi misalnya, terdapat identitas jelas bahwa di dalam hidup masa sebelumnya, dia adalah Ludgi. Dan pada umumnya, mereka yang disebut anak-anak ajaib. setelah lewat sekian tahun, akan kembali menjadi manusia normal. Kalau memang ada yang disebut sebagai proses informasi yang kontinyu, tentunya gejala ini takkan dapat terjadi. Dan dapat ditambahkan pula, bahwa kisah-kisah tenatng anak-anak ajaib di masa lampau itu, tidak pernah terkontrol dengan baik. Kita hanya mendengar tentang diri mereka itu melalui anekdot-anekdot saja.

Kami lebih cenderung untuk berpendapat bahwa peristiwa-peristiwa yang berhubungan dengan anak-anak ajaib itu, terjadi karena adanya sumber potensi bakat yang terbuka salurannya, sehingga dapat saja serentak berkembang secara sepenuhnya, mekar semarak sesaat, kemudian kembali pada proses normalnya. Kenyataan sebaliknya, juga acapkali terjadi. Ada sejumlah orang yang justru tiba-tiba berkembang potensinya pada usia lanjut dan berprestasi menakjubkan pada usia senjanya. Musykil untuk dijelaskan dengan bukti-bukti? Memang! Tapi apakah kenyataan seperti itu dapat disimpulkan sebagai satu gejala penampilan reinkarnasi?

Jangan pula dilupakan, telah terjadinya banyak peristiwa penipuan mengenai hal-hal seperti ini, dengan cara yang demikian naifnya! Semuanya mau tidak mau menambah rasa ragu terhadap reinkarnasi, sehingga banyak orang kemudian bahkan bersikap menolak. Argumentasi para penentang ialah sebagai berikut: Kalau reinkarnasi itu ada, mengapa langka sekali orang yang dapat menjangkau kembali kehidupan lainnya di masa silam itu. Setiap kali kelahiran, berarti akan mulai dari nol lagi. Hal ini sukar diterima baik. Kalau alternatif satunya yang benar, dimana diuraikan tentang adanya kontinuitas proses data yang makin lama akan makin meningkat, mengapa tidak setiap orang mengalaminya?

Dengan sengaja mencari-cari kenangan kehidupan di satu kurun waktu yang lain, agaknya juga akan merupakan satu upaya yang sama sekali tidak akan ada manfaatnya. Yang nyata, kita tahu dan hadapi ialah bahwa kita sama sekali tidak tahu mengenai hal apa pun yang terjadi pada masa sebelum lahir. Kita hanya tahu bahwa kita ada. Hal ini berlaku bagi semua dan setiap orang di mana pun.

Henri Bergson, justru bertolak dari hipotesa bahwa sistem perotakan manusia bukan tetap merangsang, bahkan menghambat. Misalnya saja kemampuan sistem perotakan untuk dapat melupakan. Kita pun menyadari, betapa pentingnya kemampuan untuk melupakan ini terhadap diri kita. Disiplin psikologi menyatakan, bahwa kemampuan untuk melupakan berfungsi sebagai perisai pelindung kesejahteraan hidup manusia. Bahkan hal-hal yang sama sekali tidak ingin kita lupakan, akhirnya terlupakan juga. Proses ini terjadi secara wajar sekali di dalam diri kita sendiri. Katakanlah di dalam roh, tanpa kita mengetahui mengapa harus demikian. Jawaban atas mengapa harus demikian, menurut hemat kami paling baik diberikan dengan sebuah pertanyaan juga. Bukankah yang kita lupakan adalah hal-hal yang menyedihkan, menyulitkan dan menjengkelkan? Sementara, yang masih melekat di dalam angan-angan ialah hal-hal yang manis dan menyenangkan? Dengan kata-kata lain, apa yang bisa terlupakan dan apa yang bisa teringat, semata-mata adalah satu aspek fungsional dari sistem perotakan saja. Tidak ada hubungannya dengan masalah ada tidaknya reinkarnasi. Tetapi kalau kita membalikkan pola uraian di atas, maka sekali pun terbatas dari hasil kesimpulan, akhirnya kita mungkin masih bisa menemukan unsur yang mendukung adanya reinkarnasi. Dalam alternatif mana, hipotesa kita akan berbunyi: Bagaimana mungkin, bagi seseorang yang baru saja lahir untuk menjalani hidup dengan dua atau lebih banyak jumlah identitas pribadi!

Kita tahu bahwa di dalam lingkungan kegiatan ilmu psikiatri dan parapsikologi, terdapat kasus orang-orang yang merasa dirinya terbentuk oleh beberapa identitas kepribadian yang berbeda-beda, yang secara teknisnya dikatakan orang-orang yang menderita schizofrenia, atau identitas diri yang terbelah. Oleh banyak orang, para penderita schizofrenia sering dianggap sebagai orang-orang yang kemasukan roh jahat! Berdasarkan keyakinan keliru ini, maka orang mengadakan cara pengusiran setan atau eksorsisme. Bukankah akan jadi jauh lebih positif, kalau kita menganggap sedikit jumlah orang yang memiliki kenang-kenangan sadar akan hidup lain mereka di satu kurun waktu lain, juga sebagai penderita schizofrenia. Kalau kita mau bertolak dari titik pangkal ini, bisa jadi, kita akan menemukan beberapa titik temu dengan faham yang percaya pada reinkarnasi.

Orang-orang Barat, selalu beranggapan bahwa reinkarnasi hanya terjadi di belah bumi bagian Timur, karena pada umumnya, orang di situ percaya. Tetapi setelah kita baca hasil karya Jacobson, yang berjudul *"Apakah Orang Mati Tetap Hidup?"*, kita akan segera tahu bahwa pernyatan di atas terlalu gegabah sifatnya. Namun ada benarnya juga, bahwa di wilayah di mana orang percaya pada sesuatu, peristiwanya terhadap masalahnya akan lebih saksama dan sikapnya pun akan lebih peka tanggap. Ini betul. Faham Reinkarnasi memang kurang pas bagi pokok dasar peradaban dan kebudayaan Barat. Orang-orang yang di benua Timur dipandang sebagai mampu tembus pandang, waskita dan lain-lain julukan, yang melukiskan kemampuan daya paranormal lainnya, di Barat bisa jadi, akan segera dikirim ke rumah sakit jiwa, ke psikiater atau ahli therapi jiwa.

Masih ada sebuah faktor penolakan lainnya yang didasarkan pada jumlah nyata penuduk yang ada. Jelas, bahwa jumlah penduduk setiap saat bertambah dan bukan konstan. Ini jelas bertentangan dengan teori atau hipotesa dasar reinkarnasi. Para penganut ajaran reinkarnasi telah berusaha mencari jalan keluar, dengan mengemukakan kemungkinan adanya proses pertukaran roh antar planit. Dengan kata-kata lain, oleh mereka dinyatakan bahwa yang ada kehidupan, bukan hanya di planit bumi saja, dan karenanya orang juga bisa mengalami reinkarnasi di planit lain. Sebagai dukungan mereka, misalnya mengemukakan satu ayat yang terdapat di dalam Kitab Suci Perjanjian Baru, pada Yohanes 10 : 16, yang berbunyi sebagai berikut:

> Ada lagi padaku domba-domba lain, yang bukan dari kandang ini; domba-domba itu harus kutuntun juga dan mereka akan mendengarkan suaraku dan mereka akan menjadi satu kawanan dengan satu gembala.

Dalam hal ini, Yesus dianggap berbicara tentang tempat-tempat lain di luar dunia.
Satu uraian penjelasan lain yang dikemukakan, bahwa selalu ada roh-roh baru yang diciptakan dengan proses yang sama seperti pernah terjadi pada Adam, menurut Kitab Suci Kristen.

Sampai saat ini, memang tidak pernah ditemukan bukti bagi apa yang disebut *Reinkarnasi*, khususnya kalau yang diartikan dengan bukti itu harus dinyatakan empirisis atau ilmiah. Tetapi ini bukan berarti bahwa *Reinkarnasi* pasti tidak ada. Banyak hal yang dulunya diangap sebagai *Tidak* punya bukti, sekarang sudah bisa diuraikan secara mutlak, ilmiah. Itu satu hal. Hal yang lain ialah bahwa orang juga tidak dapat membuktikan bahwa *Reinkarnasi*, mutlak tidak ada. Yang penting sekarang, ialah upaya penelitian untuk mengungkapkan lebih teliti, hal-hal yang tidak ilmiah tadi dengan lebih teliti dan saksama. REINKARNASI dan sejumlah gejala paranormal lainnya memang masih merupakan satu ruang lingkup permasalahan yang belum secara tuntas dijelajah ilmu pengetahuan. Sebenarnya hal ini terasa ironis juga, karena ilmu pengetahuan abad ke-20 ini, khususnya ilmu kedokteran sedang dengan gigih berusaha membuka tabir yang menyelubungi permasalahan hidup dan mati, paling tidak secara biologis organis. Menurut kami, upaya penelitian yang dilaksanakan masih terlalu berat ditekankan pada masalah jurang pemisahnya antara hidup dan mati, terutama masalah kematian itu, yang masih secara umum dianggap sebagai sesuatu yang sangat mengerikan. Tetapi kalau kita tinjau hal tersebut dari sudut adanya hidup di balik kematian, maka suasananya akan berubah dan kondisinya tidak akan terlalu mengerikan lagi. Dan kalau kita ingin lebih obyektif lagi, maka yang mengerikan sebenarnya bukan saat perpisahannya, tetapi suasana asing dan misterius yang ada di balik jurang pemisah itu. Tetapi kalau kita berhasil mengungkapkan apa yang akan terjadi di baliknya, maka suasananya akan sama sekali berubah.

Bahwa sampai saat ini kita sama sekali tidak punya bukti ilmiah untuk adanya hidup di balik kematian, sebenarnya tidak penting. Berapa banyak hal di sepanjang sejarah, yang dulunya juga tidak diketahui oleh manusia, tetapi pada saatnya terbukti banyak sekali hal yang mampu diuraikan sebab-musababnya dan dibuktikan. Seperti dikatakan oleh Jacobson: ''Adanya seekor gagak putih cukup dapat membuktikan secara konkrit akan adanya gejala penampilan seperti itu.

Tetapi bagaimanapun kondisinya, usaha untuk mengungkapkan kebenaran dan kenyataan, wajib terus dilakukan.